WANDERLUST

GESCHICHTEN UND
GEDICHTE FÜR
DEN RUCKSACK

Herausgegeben von
Aleksia Sidney

K
A
M
P
A

KAMPA POCKET
DIE ERSTE KLIMANEUTRALE TASCHENBUCHREIHE
Gedruckt auf säurefreiem und chlorfrei gebleichtem
Papier aus verantwortungsvollen Quellen, zertifiziert
durch das Forest Stewardship Council. Der Umschlag
enthält kein Plastik. Kampa Pockets werden klima-
neutral gedruckt, kampaverlag.ch/nachhaltig informiert
über das unterstützte CO_2-Kompensationsprojekt

Veröffentlicht im März 2022 als Kampa Pocket
Copyright © 2022 by Kampa Verlag AG, Zürich
Covergestaltung: Lara Flues, Kampa Verlag
Covermotiv: © Katinka Reinke
Satz: Lara Flues, Kampa Verlag
Gesetzt aus der Stempel Garamond LT / 220130
Druck und Bindung: GGP Media GmbH, Pößneck
Auch als E-Book erhältlich
ISBN 978 3 311 15046 6

www.kampaverlag.ch

Inhalt

Max Frisch	*Vom Wandern* 7
Bruce Chatwin	*In Patagonien* 15
Patrick Leigh Fermor	*Der Rucksack* 32
H. D. Thoreau	*Vom Wandern* 45
Joseph von Eichendorff	*Wanderlied* 107
Béla Balázs	*Wandern* 109
Wilhelm Müller	*Wanderschaft* 115
Robert Walser	*Fußwanderung* 117
Brüder Grimm	*Die beiden Wanderer* 120
Kurt Tucholsky	*Die Fußtour* 137
Johann Gottfried Seume	*Fahren zeigt Ohnmacht, Gehen Kraft* 149
Hermann Hesse	*Wanderung* 151
Joseph von Eichendorff	*Der frohe Wandersmann* 157

Georg Büchner *Durchs Gebirg* 158

Ludwig Bechstein *Der wandernde Stab* 162

Franz Kafka *Der plötzliche Spaziergang* 173

Joseph Roth *Spaziergang* 175

Eduard Mörike *Wanderlied* 181

Franz Hessel *Die Kunst spazieren zu gehn* 182

Laurie Lee *Schluss mit dem blödsinnigen Laufen* 190

Nachweis 219

Max Frisch

Vom Wandern

Alles will erworben sein, so scheint es, beim Wandern und auch anderswo.

Wer über die Alpen gepilgert ist und für Tage fast nur Felsen getroffen hat, diese rauhen und nackten Felsen, wie anders bleibt er stehen vor den ersten Gärten des Südens, und wie anders leuchten ihm die Astern, die ihre dunkelroten Sterne heben aus staubweißen Büschen! Dann ist es, als habe man noch nie eine Blume erlebt, und man wird so dankbar für alles, was lebt und grünt und blüht und reift, auch für sein eigenes Dasein in solcher Welt. Aber man muss gepilgert sein, wie gesagt, man muss drei Tage geschwitzt und drei Nächte gefroren haben, weil es ja immer nur die Größe unserer Sehnsucht ist, die den Dingen überhaupt einen Wert gibt. Und man muss gepilgert sein, auch weil die Landschaft nicht wie ein schlechtes Buch ist, wo man die mittleren Seiten einfach überschlagen kann und das Ende dennoch begreift, nein, man muss ihre leisen Übergänge mitmachen. Denn auch die Landschaften lassen sich nicht alles gefallen; wie Menschen haben sie ein Gesicht, das jeder sehen kann, ein äußeres und gleichgültiges Gesicht, und erst wenn man mit ihnen spricht, da kommt das Antlitz zum Vorschein, das warme und innere Leben, das schöne Geheimnis. Das geht nicht ohne Mühe und Zeit, und vielleicht hat der liebe Gott gerade darum unsern Schritt nicht größer gemacht, damit wir nicht immerzu an der Welt vorübergehen; man soll zuerst die Steine sehen, so meint er offenbar, und sich freuen an den einfachen Wiesen, bevor man die ersten Bäume trifft und endlich diese herrlichen Weinberge, diese leuchtenden Astern, die über den Zaun hängen und dem Wanderer eine jubelnde Farbe zurufen, als haben sie es gewusst, dass er über manche Berge und Täler gekommen ist, einen Gruß, der alles belohnt.

Das ist im Tessin.

Einmal stecke ich meinen Pickel in den Boden, dann packe ich auch endlich mein Malzeug aus und versuche, ein bescheidenes Stück von dieser beglückenden Welt mitzunehmen. Ich denke nämlich, dass es der Welt nichts ausmacht, und zu Hause wäre man manchmal so froh, wenn man nur einen Fetzen von diesem heiteren Leuchten besäße. Aber ich pinsle noch nicht lange, als bereits die Hirtenbuben kommen und mich umringen, sehr schüchtern zuerst, bis sie in rücksichtsvoller Neugier ihren Kreis immer enger schließen, und da leidet natürlich mein linkischer Malversuch immer mehr. Doch es ist wirklich nicht schade, und gerne schaue ich zu, wie die wilden Bengel sich auf ihr ungesatteltes Ross schwingen, einer nach dem andern, und über die steinige Alpwiese reiten; auch der Kleinste versucht es einmal, bis er unter dem mitleidlosen Gelächter der andern stürzt und den freien Hengst wieder einfangen muss. So schauen sie immer halb nach dem Ross, halb auf mein Blatt, und von Zeit zu Zeit fühle ich mich wirklich verpflichtet, dass ich nicht länger am selben Wald male, sondern meinen Zuschauern endlich irgendwas Neues biete, einen deutlichen Fortschritt, zum Beispiel die grüne Matte im Vordergrund, oder ich mache, was ihnen besonders gefällt, ich drücke frische Farbe aus einer Tube. Wenn ich sie etwas frage, da grinsen sie nur, schwingen sich aufs Ross und jagen davon, was mir auch lieb ist. Denn ich hätte ihnen zuliebe noch allzu viel Farbe ausgedrückt, und mein Bild ja bereits verloren. Ich weihe es dem reißenden Bach, und das wirklich Gute daran ist nur, dass es mich nicht ärgert. Ich schwinge meinen Rucksack wieder auf den Buckel und sehe, dass es mir die Landschaft nicht übel nimmt, nein, sie ist herrlich wie je, und das gibt mir ja immer wieder den Mut zum Malen, diese tröstende Einsicht, dass sich das Herrliche niemals schänden lässt. Und wenn man ein wirklicher Dilettant ist und ohne falschen Ehrgeiz bleibt, ich glaube, man kann nichts verlieren, nur gewinnen, und gewonnen ist schon viel, wenn man nach zwei Stunden aufsteht und sagen kann, man habe eine Landschaft wirklich angeschaut.

Unterwegs werde ich übrigens immer wieder gefragt, ob ich denn allein sei, ganz und gar allein, und nicht selten zeigen die Leute ein offenes Mitleid, als sei man schon ein Mönch oder ein Selbstmörder, nur weil man allein ist; so kennen sie offenbar den Spruch nicht, den Busch geschrieben hat:

Wer einsam ist, der hat es gut,
weil er niemand hat, der ihm was tut.

Das ist es, und was die Langeweile betrifft, die man haben soll, wenn man allein ist, so darf man nicht vergessen, dass dem Alleingänger dafür die Welt umso offener ist, wenn man einmal schweigt, damit die Dinge umso lauter reden mögen, der Wind in den Erlen und das Wasser, das über goldbraune Kiesel murmelt oder in blitzenden Silbergarben über die Felsblöcke stürzt. Auch die stummen Dinge wollen ja allerlei sagen, die uralten Steine und jene unscheinbaren Farben winziger Blumen, die irgendwo zwischen dem Geröll sind, ein wunderzartes Kissen in dieser kargen und wüsten Felsenwelt; und ein weinroter Schmetterling sucht gerade um die kleine Blumeninsel, die kaum eine Hand groß ist. Oder man hat einmal einen Stein aufgehoben, weil er geblitzt hat, und nun ist er nicht besonders, aber dennoch schön mit diesem braunen Rost und einer Ader aus weißem Quarz darin, und schön ist auch der Sand, der viele Glimmerkörner hat, und wenn man ihn aus den Fingern rieseln lässt und der Wind ihn wegnimmt, dann ist die Luft voll Märchenglanz. Aber nicht genug; auch die Gerüche wollen noch vernommen werden, der scharfe und herbe Geruch von Tannenharz oder feuchtem Moos, das zugleich nach bleichen und kühlen und bitteren Schwämmen riecht, und warum sollte es also einem Menschen langweilig werden, wenn er für einige Tage allein ist und ihn niemand hindert, dass er hören und sehen und riechen kann?

Ich weiß nicht, woher es kommt, dass auch die Menschen einem Einzelgänger immer offener sind, die fremden Menschen auf der Straße; jedenfalls wagen sie dich eher anzusprechen, wenn du allein daherkommst. Einmal lerne ich einen Radler kennen, einen Arbeitslosen, der es nicht länger ertragen hat, dieses Leben, das kein Leben ist, sondern nur ein Dasein; mit zwanzig Franken sei er aufgebrochen, und nun ist er schon drei Wochen unterwegs, er war in Stuttgart und in Genf, dann fuhr er durchs ganze Wallis und über den Gotthard und nach Lugano, und nun wolle er eben wieder heim, nach Winterthur, und zwar über Liechtenstein. Er ist braun und mager und erzählt mir, wo er Glück hatte und beim Heuen helfen durfte, wo die Bauern freundlich oder geizig sind, und auch von seinem Beruf erfahre ich, von seiner wartenden Braut, und als sich unsere Wege trennen und man sich die Hände schüttelt, da ist mir der namenlose Mensch weniger fremd als manche, die ich seit Jahren spreche…

So traf ich noch viele Wanderer, die in diesen wolkenlosen Tagen unterwegs waren; es ist ja eine köstliche Zeit zum Wandern, so zwischen Sommer und Herbst: am Tage, wenn man geht, ist es nicht mehr allzu heiß, und noch sind auch die Nächte nicht so kalt, die man im Freien verbringt. Es ist überhaupt eine begeisternde Zeit; in voller Reife findet man das Land, erfüllt und gekrönt und am Ende eines gesegneten Werdens, wo bald das große Ausruhen beginnt, und aller Jubel, aber auch alle Wehmut der Vollendung ist darin. Noch ist ja alles grün, doch es genügt ein einziges Blatt, das am Wege liegt und braune Ränder hat, und man denkt an den Herbst, trotzdem es eher noch Sommer ist, trotzdem noch das Korn in einzelnen Feldern steht, trotzdem man im Süden ist.

Sogar der Mittag ändert nichts daran, wenn die Sonne glüht und wenn ich den Kopf unter jeden Brunnen halte, oder wenn ich die staubweiße Straße verlasse und mich in den Schatten einer flimmernden Pergola lege, bis es wieder kühler werde, bis es langsam aufhöre, jenes blaue Zittern über der heißen Gräserflut, und bis ich frische Wanderluft verspüre...

Es lässt sich übrigens denken, wie ein solcher Mensch ausschaut, der überall herumliegt, wo es ihm gerade einfällt, und als ich schließlich wieder unter städtische Menschen komme, scheinen sie nicht entzückt; ich gehe natürlich zum Haarschneider, doch es fällt mir schwer, als ich im Spiegel sehe, wie mein Bart fällt, den ich eine ganze Woche lang mit wachsender Freude habe stehen lassen. Er hat mich zum Bruder aller Landstreicher gemacht, und die jungen Weiber, die mit Hacke und Körben des einsamen Weges kamen, sind schüchtern und stolz geworden, wie Weiber sind, wenn sie einen wirklichen Mann erkennen. Das alles machte der Bart. In der Stadt aber, wo man an einem weißen Tisch sitzt, da machte die blasse Kellnerin ein Gesicht, das blöder nicht mehr erfunden werden könnte, und das Bier schob sie mir gleichsam aus der Ferne hin, als sei ich ein vollkommener Misthaufen; dann standen sie hinter dem Ausschank, lächelnd und wartend, ob ich das schlanke Glas zerbreche oder einen Blumenstock umwerfe oder ohne Zahlen wegrenne. So ist es in der Stadt, und die gemeinen Leute, die immer gerne ihresgleichen finden, sie fassen dich an der Schulter und am Ellbogen, sie

tun sich keinerlei Zwang an und reden, als seien wir
ja unter uns, ja, so fraglos sicher sind sie, dass man
brüderliche Freude am Gemeinen habe, auch brü-
derlichen Neid und Hass gegen alles, was anders
ist. Nur weil man einen Bart hat. Es ist wunderbar, und ich glaube, wenn Gott wieder einmal Zeit
hat und auf die Erde kommen wird, damit er seine
Menschen erkenne, dann kommt er gewiss auch
mit einem Bart, nicht mit einem göttlich wallen-
den Vollbart, sondern eben mit diesem Stoppelbart
eines Wanderers, der so viel vermag.

Passen Sie also immer auf!

Bruce Chatwin

In Patagonien

Von Ushuaia aus war es ein Fußmarsch von rund sechzig Kilometern an der Beagle-Straße entlang bis zur Estancia Bridges in Harberton.

Während der ersten Kilometer grenzte der Wald unmittelbar an die Küste, und durch die Zweige sah man auf das dunkelgrüne Wasser und die violetten Seetangteppiche, die auf den Wellen schaukelten. Danach wichen die Hügel zurück, und Weiden aus federndem Gras, getupft mit Gänseblümchen und Pilzen, dehnten sich aus.

Die ganze Wasserkante entlang zog sich eine Kruste von seeweißem Treibholz. Hier und dort sah ich einen Schiffsbalken oder den Rückenwirbel eines Wals. Auf den Felsen, die mit einer mehlweißen Guanoschicht bedeckt waren, saßen Kormorane und antarktische Weißwangengänse, deren Flügel schwarzweiß aufblitzten, wenn sie sich in die Luft schwangen. Auf dem Wasser schwammen Greben und Dampferenten, und weiter draußen wirbelten Rußalbatrosse mühelos herum wie fliegende Messer.

Es war schon dunkel, als ich in die Wachstation der argentinischen Marine in Almanza hineinhumpelte. Zwei Matrosen waren hier gestrandet. Sie verbrachten ihre Tage damit, die Chilenen durch ein Fernglas zu beobachten, aber da ihre Funkanlage kaputt war, konnten sie nicht berichten, was sie sahen. Einer der beiden kam aus Buenos Aires und hatte eine Vorliebe für obszöne Witze. Der andere, ein Chaco-Indianer, sagte kein Wort, sondern hockte krumm da und starrte in das verglühende Feuer.

Wenn man vom Land her nach Haberton kommt, könnte man es wegen seiner Schafgehege, seiner stabilen Gatter und seiner torfbraunen Forellenbäche für einen Großgrundbesitz in den schottischen Highlands halten. Der Besitz von Reverend Thomas Bridges erstreckte sich über das ganze westliche Ufer der Harberton-Bucht und lag im Windschutz eines Hügels. Seine Freunde, die Yaghan-Indianer, hatten den Platz ausgesucht, und er hatte ihn nach dem Heimatdorf seiner Frau in der Grafschaft Devon benannt.

Das vor langer Zeit aus England importierte Haus war aus weiß angestrichenem Wellblech, hatte grüne Fenster und ein hellrotes Dach. Im Innern fand ich die gediegenen Mahagonimöbel, die sanitären Anlagen und die integre Atmosphäre eines viktorianischen Pfarrhauses vor.

Die Enkelin des Missionars, Clarita Goodall, war

allein zu Hause. Als kleines Mädchen hatte sie auf den Knien von Kapitän Milward gesessen und seinen Seemannsgeschichten gelauscht. Sie gab mir das von Thomas Bridges verfasste *Yaghan Dictionary*, und ich setzte mich auf die Veranda und las. Die Blumen eines englischen Gartens schienen von innen heraus zu leuchten. Ein kleiner Pfad führte zu einer Pforte, über der sich eine Walkinnlade wölbte. Rauch von einem Holzfeuer zog über das schwarze Wasser, und von der gegenüberliegenden Küste riefen die Gänse herüber.

Thomas Bridges war ein kleiner, aufrechter Mann, der an die göttliche Vorsehung glaubte und keine Gefahr scheute. Er war als Waise von George Packenham Despard adoptiert worden, einem Pastor aus der Grafschaft Nottingham und Sekretär der Patagonischen Missionsgesellschaft, der ihn nach den Falkland-Inseln mitgenommen hatte. Er hatte dort gelebt, als Jemmy Button die Missionare ermordete. Später führte er deren Arbeit fort. Mit Ausnahme eines gelegentlichen Besuchs in England lebte er immer in Feuerland. 1886 jedoch, als so viele der Indianer wegstarben, erkannte er, dass die Tage der Mission gezählt waren, und da er eine siebenköpfige Familie zu ernähren und in England keinerlei Zukunftsaussichten hatte, ersuchte er Präsident Roca um ein Stück Land in Harberton.

Dieser Schritt machte ihn in den Augen der Pharisäer zu einem der Verdammten.

Der junge Thomas Bridges hatte das Ohr und die Geduld besessen, einem Indianer, der George Okkoko genannt wurde, zuzuhören und die Sprache zu erlernen, über die Darwin sich lustig gemacht hatte. Zu seiner Überraschung entdeckte er eine ausgesprochen schwierige Syntax und ein Vokabular, wie es niemand bei einem ›primitiven‹ Volk vermutet hätte. Mit achtzehn beschloss er, ein Wörterbuch zu erstellen, das ihm dabei helfen würde, »ihnen zu meiner Genugtuung und ihrer Erbauung von der Liebe Jesu zu erzählen«. Dieses gigantische Unternehmen war bei seinem Tod im Jahre 1898 gerade eben abgeschlossen. Er hatte 32000 Wörter erfasst, ohne deren vielfältige Ausdrucksmöglichkeiten auch nur im Geringsten erschöpft zu haben.

Das *Dictionary* hat die Ausrottung der Indianer überdauert und wurde ein Denkmal für sie. Ich habe Bridges' Originalmanuskript im Britischen Museum in der Hand gehalten, und ich stelle mir gern vor, wie der Pastor mit geröteten Augen bis spät in die Nacht, während der Wind um das Haus heulte, das Buch mit dem blaumarmorierten Vorsatzpapier mit seiner kritzeligen Handschrift füllte. Wir wissen, wie er in diesem Labyrinth des Besonderen verzweifelt nach Wörtern suchte, um die immateriellen Begriffe des Evangeliums ausdrücken

18

zu können. Wir wissen auch, dass er den Aberglauben der Indianer nicht tolerierte und nie zu verstehen versuchte – der Mord an seinen Amtsbrüdern war zu nahe. Die Indianer entdeckten diese Neigung zur Intoleranz und verbargen ihre tiefsten Überzeugungen vor ihm.

Das Dilemma, vor dem Bridges stand, ist vielen vertraut. Der Mangel in ›primitiven‹ Sprachen an Wörtern, die sittliche Vorstellungen ausdrücken, veranlasste viele zu der Annahme, diese Vorstellungen existierten nicht. Aber die Begriffe von ›Gut‹ oder ›Schön‹, die im Denken der westlichen Welt eine so große Rolle spielen, haben nur Bedeutung, wenn sie tief in den Dingen wurzeln. Die Ersten, die eine Sprache formten, nahmen das Rohmaterial dazu aus ihrer Umgebung und zwängten es in Metaphern, um abstrakte Ideen auszudrücken. Die Sprache der Yaghan – und vermutlich jede Sprache – verfährt wie ein Navigationssystem. Dinge, die benannt worden sind, werden als Fixpunkte aneinandergereiht oder miteinander verglichen und geben dem Sprechenden die Möglichkeit, den nächsten Schritt vorzubereiten. Hätte Bridges den metaphorischen Reichtum der Yaghan-Sprache entdeckt, wäre seine Arbeit nie fertig geworden. Trotzdem steht uns genügend Material zur Verfügung, um das klare Denken der Indianer nachvollziehen zu können.

Was sollen wir von einem Volk halten, das ›Monotonie‹ als ›Abwesenheit männlicher Freunde‹ de-
finierte? Das für ›Depression‹ ein Wort benutzte,
das die empfindlichste Phase im jahreszeitlichen
Zyklus der Krabbe beschrieb, wenn sie nämlich
ihre alte Schale abgeworfen hat und darauf wartet, dass ihr eine neue wächst? Wer hat ›faul‹ vom
Jackass-Pinguin abgeleitet? Oder ›ehebrecherisch‹
vom Baumfalken, einem zierlichen Habicht, der
überall durch die Lüfte flitzt und dann bewegungs-
los über seinem nächsten Opfer schwebt?

Hier nur ein paar ihrer Synonyme:

Hagel – Fischschuppen
eine Sprottenschule – Schleim
ein Gewirr niedergestürzter Bäume, die einem
den Weg versperren – ein Schluckauf
Brennstoff – etwas Verbranntes – Krebs
Muscheln außerhalb der Jahreszeit – runzlige
Haut – hohes Alter

Einige ihrer Assoziationen konnte ich nicht nachvollziehen:

Seehundfell – die Verwandten eines ermorde-
ten Mannes

Andere waren mir zunächst unverständlich, ließen
sich später aber aufklären:

Eine Schmelze (von Schnee) – eine Narbe –
Unterricht

Der Gedankengang ist der folgende:
Schnee bedeckt die Erde, wie die Narbe eine
Wunde bedeckt. Er schmilzt stellenweise und lässt
eine glatte, flache Oberfläche zurück (die Narbe).
Die Schmelze kündigt das Frühlingswetter an. Im
Frühling brechen die Menschen auf, und der Un-
terricht beginnt.
Ein weiteres Beispiel:

Ein Sumpf – eine tödliche Wunde (oder: tödlich verwundet)

Die Sümpfe in Tierra del Fuego sind unförmige
Moosteppiche, die von Wasser durchtränkt sind
und eine schmutziggelbe Farbe und rötliche Flecken haben. Das Ganze sieht aus wie eine offene
Wunde, aus der Eiter und Blut fließen. Die Sümpfe
erstrecken sich über Wiesen in den Tälern und liegen ausgestreckt da wie ein verwundeter Mensch.
Die Verben nehmen den ersten Platz in dieser
Sprache ein. Die Yaghan hatten lebendige Verben,
mit denen sie jede kleinste Muskelbewegung, jeden
möglichen Vorgang in der Natur oder beim Menschen einfangen konnten. Das Verb *iya* bedeutet:
›sein Kanu an einem Seetangteppich vertäuen‹;

ōkon: ›in einem treibenden Kanu schlafen‹ (was etwas völlig anderes ist, als in einer Hütte, auf dem Strand oder mit einer Frau zu schlafen); *ukōmona* bedeutet: ›einen Speer in eine Schule von Fischen schleudern, ohne auf einen besonderen zu zielen‹; *wejna:* ›locker oder leicht zu biegen sein wie ein gebrochener Knochen oder wie eine Messerklinge‹, oder ›herumwandern oder herumirren wie ein heimatloses oder verirrtes Kind‹, oder: ›locker angebunden sein wie das Auge in seiner Höhle oder ein Knochen in seiner Gelenkpfanne‹, oder: ›schwingen, sich bewegen oder reisen‹, oder aber ganz einfach nur: ›existieren oder sein‹.

Im Vergleich zu den Verben haben die anderen Satzteile nebensächliche Funktionen. Substantive werden von Verben abgeleitet. Das Wort für ›Skelett‹ kommt von ›gründlich nagen‹. *Aiapi* bedeutet: ›eine besondere Art von Speer bringen und in ein Kanu legen, das zur Jagd aufbricht‹, *aiapux* ist das gejagte Tier und damit ›der Seeotter‹.

Die Yaghan waren geborene Wanderer, auch wenn sie selten weit wanderten. Der Ethnograph Pater Martin Gusinde schrieb: »Sie erinnern an rastlose Zugvögel, die sich nur dann glücklich und innerlich ruhig fühlen, wenn sie unterwegs sind.« Und ihre Sprache führt vor Augen, dass sie wie Seeleute von dem Gedanken an Zeit und Raum besessen waren. Sie konnten zwar nicht bis fünf zählen, waren aber imstande, die Himmelsrichtungen minuziös zu bestimmen und die jahreszeitlich bedingten Veränderungen so präzis wie ein Chronometer zu beschreiben. Dazu vier Beispiele:

Iūan: Jahreszeit der jungen Krabben (wenn die Elken ihre Jungen tragen)

Cūiūa: Jahreszeit, wenn die Jungen unabhängig werden (von einem Verb, das ›mit dem Beißen aufhören‹ bedeutet)

Hakūreum: Jahreszeit, in der sich die Rinde von den Bäumen ablöst und der Saft aufsteigt

Tschäkana: Jahreszeit, in der die Kanus gebaut werden, und Zeit der Schnepfenrufe. (Der Tschäktschäk-Laut imitiert die Schnepfe und ebenfalls das Geräusch, das der Kanubauer beim Abreißen der Rinde vom Stamm der Buche verursacht.)

Thomas Bridges prägte das Wort ›Yaghan‹ nach einem Ort, der Yagha genannt wurde: die Indianer selbst nannten sich *Yámana.* Als Verb bedeutet *yámana:* ›leben, atmen, glücklich sein, von einer Krankheit genesen oder gesund sein‹. Als Substantiv bedeutet es ›Leute‹ im Gegensatz zu Tieren. Eine Hand mit dem Suffix *-yámana* war eine

Menschenhand, eine Hand, die in Freundschaft gereicht wurde, im Gegensatz zu einer todbringenden Klaue.

Die vielen verschiedenen Schichten metaphorischer Assoziationen, die ihren geistigen Boden ausmachten, fesselten die Indianer mit unlösbaren Banden an ihre Heimat. Das Territorium eines Stamms, wie unwirtlich es auch sein mochte, war immer ein Paradies, das nie und nirgendwo besser sein konnte. Die Außenwelt dagegen war die Hölle, und ihre Bewohner waren nicht besser als die wilden Tiere.

Vielleicht hatte Jemmy Button die Missionare in jenem November für Abgesandte der Macht der Finsternis gehalten. Vielleicht hat er sich später, als er Reue zeigte, daran erinnert, dass auch rosa Menschen menschlich waren.

Lucas Bridges erzählt in seiner Autobiographie *The Uttermost Part of the Earth,* dass das Manuskript seines Vaters von Frederick A. Cook gestohlen wurde. Cook, ein zungenfertiger amerikanischer Arzt, nahm 1897/98 an der Südpolexpedition teil und versuchte später, Bridges' *Dictionary* als seine eigene Arbeit auszugeben. Cook war der mythomanische Reisende aus dem Lande Rip van Winkles, der mit einem Betrug begann und später behauptete, als Erster den Mount McKinley erklommen und noch vor Robert Peary den Nordpol erreicht zu haben. Er starb 1940 in New Rochelle, nachdem er eine Gefängnisstrafe abgesessen hatte, weil er mit gefälschten Petroaktien gehandelt hatte.

Das Manuskript des Wörterbuchs ging während des Zweiten Weltkriegs in Deutschland verloren, wurde jedoch von Sir Leonard Woolley, der Teile der Stadt Ur ausgegraben hat, wiedergefunden und von der Familie dem Britischen Museum zur Verfügung gestellt.

Lucas Bridges war der erste Weiße, mit dem sich die Indianer anfreundeten. Sie hatten nur zu ihm Vertrauen, während Männer wie Red Pig ihre Familien umbrachten. *The Uttermost Part of the Earth* war eines meiner Lieblingsbücher als Kind. Bridges erzählt darin, wie er vom Mount Spión Kop auf den heiligen Lago Kami hinabschaute und wie ihm die Indianer später halfen, mit der Machete einen Verbindungspfad zwischen Harberton und Viamonte herzustellen, wo seine Familie eine weitere Farm besaß.

Diesen Weg hatte ich schon immer gehen wollen.

Aber Clarita Goodall wollte mich nicht gehen lassen. Der Lago Kami war rund vierzig Kilometer entfernt, aber die Flüsse führten Hochwasser, und die Brücken waren eingestürzt.

»Sie könnten sich ein Bein brechen«, meinte sie,

»oder sich verirren, und dann müssten wir einen Suchtrupp ausschicken. Früher haben wir es mit dem Pferd in einem Tag geschafft, aber heute kommen Sie mit einem Pferd da nicht mehr durch.«

Und alles wegen der Biber. Ein Gouverneur der Insel hatte sie aus Kanada mitgebracht, und jetzt hatten sie in den Tälern, in denen man früher mühelos vorwärts kam, überall ihre Dämme gebaut. Aber ich wollte den Weg trotzdem gehen.

Und am nächsten Morgen weckte sie mich in aller Frühe. Ich hörte, wie sie in der Küche den Tee aufgoss. Sie gab mir ein paar Scheiben Brot und schwarze Johannisbeermarmelade. Sie füllte meine Thermosflasche mit Kaffee. Sie nahm mit Petroleum getränkte Stäbchen und tat sie in einen wasserdichten Beutel, damit ich, falls ich ins Wasser fiel, mir wenigstens ein Feuer machen könnte. Sie sagte: »Seien Sie vorsichtig!« Und blieb im Halblicht des frühen Morgens auf der Schwelle des Hauses zurück: in einen langen rosa Morgenmantel gehüllt, winkte sie mir langsam mit einem sanften, traurigen Lächeln.

Ein dünner Nebelschleier hing über der Bucht. Eine Familie von Gänsen mit roter Blesse auf der Stirn riffelte das Wasser, und am ersten Gatter sah ich weitere Gänse neben einer Pfütze stehen. Ich schlug den Weg ein, der in die Berge führte. Vor mir lag der Harberton Mountain, schwarz von

Bäumen, und eine dunstige Sonne kam hinter seiner Schulter hervor. Diesseits des Flusses befand sich welliges Grasland, das aus dem Wald herausgebrannt und mit verkohlten Bäumen gespickt war.

Der Pfad führte bergauf und bergab. Stege aus Holzblöcken waren durch die Vertiefungen gelegt. Hinter dem letzten Zaun befand sich ein dunkler Sumpf, der von toten Bäumen umringt war, und von hier wand sich der Weg den Berg hinauf in den ersten Hochwald.

Bevor ich den Fluss sehen konnte, hörte ich ihn bereits auf dem Grund einer Schlucht tosen. Der Pfad schlängelte sich den Steilhang hinunter. In einer Lichtung standen Lucas Bridges' alte Schafgehege, die jetzt verrotteten. Die Brücke war kaputt, aber rund hundert Meter flussaufwärts wurde der Fluss breiter und plätscherte über glitschige braune Steine. Ich schnitt zwei junge Bäumchen und schnitzte sie zurecht. Dann zog ich Stiefel und Hose aus und stieg langsam in das Wasser, wobei ich vor jedem Schritt zuerst mit dem linken Stock den Boden abtastete, während ich mich mit dem rechten abstützte. An der tiefsten Stelle reichte mir das Wasser bis zur Hüfte. Ich ließ mich am anderen Ufer in der Sonne trocknen. Meine Füße waren rot vor Kälte. Eine Stromente flog flussaufwärts. Ich erkannte sie an ihrem gestreiften Kopf und den dünnen, schwirrenden Schwingen.

Bald verlor sich der Pfad im Wald. Ich nahm meinen Kompass zu Hilfe und wanderte in nördlicher Richtung auf den zweiten Fluss zu. Er war jedoch kein Fluss mehr, sondern ein Sumpf aus gelblichem Torfmoos. Die jungen Bäume an seinem Rand waren mit scharfen, schrägen Schnitten gefällt worden – wie mit einer Machete. Dies war das Reich der Biber. Das machten die Biber aus einem Fluss!

Ich lief noch drei Stunden, bis ich oben auf dem Kamm des Mount Spión Kop angekommen war. Vor mir lag das Tal des Rio Valdez, eine Art Halbzylinder, der sich über zwanzig Kilometer in nördlicher Richtung zog, bis zu der dünnen blauen Linie des Lago Kami.

Ein Schatten verdunkelte die Sonne, ein Zittern und das Rauschen von Flügeln. Zwei Kondore stießen auf mich herab. Ich sah das Rote in ihren Augen, als sie an mir vorbeisausten. Unterhalb des Passes gingen sie in die Kurve und zeigten das Grau ihrer Rücken. Dann glitten sie in einem weiten Bogen bis zum Anfang des Tals, kreisten in der aufwärts strömenden Luft, wo der Wind gegen die Klippen prallte, bis sie wieder zwei winzige Punkte am milchigen Himmel waren.

Die Punkte wurden größer. Sie kamen zurück. Sie kamen zurückgeflogen, gegen den Wind, unbeirrt wie Jagdbomber beim Anflug aufs Ziel. Um ihre schwarzen Köpfe lag eine Krause aus weißen Federn, sie hatten die Flügel angelegt und die Schwanzfedern nach unten abgebogen wie Bremsklappen und ihre Krallen gesenkt und weit gespreizt. Viermal stießen sie auf mich herab, und dann verloren wir das Interesse aneinander.

Am Nachmittag fiel ich tatsächlich in den Fluss. Ich wollte einen Biberdamm überqueren und trat dabei auf einen Stamm, der sich fest anfühlte, aber im Wasser schwamm. Ich stürzte kopfüber in den schwarzen Schlamm und hatte große Mühe, wieder herauszukommen. Jetzt musste ich die Straße finden, bevor es Nacht wurde.

Plötzlich tauchte der Pfad wieder auf: er klaffte wie ein leerer Korridor in dem dunklen Wald. Ich folgte der frischen Spur eines Guanakos. Manchmal sah ich ihn vor mir, er hüpfte über gestürzte Baumstämme, und schließlich hatte ich ihn eingeholt. Es war ein einsames Männchen, dessen Fell mit Schlamm und dessen Stirn mit Narben bedeckt war. Er hatte gekämpft, und er hatte verloren. Jetzt war er auch ein einsamer Wanderer.

Und dann lichtete sich der Wald, und der Fluss wand sich träge zwischen Viehweiden hindurch. Ich ging den Spuren der Tiere nach und überquerte den Fluss sicher zwanzigmal. An einer Kreuzung entdeckte ich Stiefelabdrücke und fühlte mich plötzlich leicht und glücklich, weil ich dachte, nun sei ich dicht an der Straße oder an der Hütte eines *peóns,* und dann verlor ich sie wieder, und der Fluss ergoss sich zwischen Schieferfelsen in eine Schlucht. Ich bahnte mir einen Weg quer durch den Wald, aber das Tageslicht wurde immer schwächer, und es war zu gefährlich, im Dunkeln über die toten Bäume zu klettern.

An einem ebenerdigen Platz breitete ich meinen Schlafsack aus. Ich nahm die Hälfte der Stäbchen aus dem Beutel und häufte sie auf mit Moos und mit Zweigen. Das Feuer flackerte auf. Sogar die feuchten Äste brannten, und die Flammen beleuchteten die grünen Flechtenvorhänge, die von den Bäumen herabhingen. In meinem Schlafsack war es feucht und warm. Regenwolken verhüllten den Mond.

Und dann hörte ich plötzlich Motorengeräusch und setzte mich auf. Scheinwerferlicht schimmerte durch die Bäume. Ich war zehn Minuten von der Straße entfernt, aber zu müde, um etwas zu unternehmen, also schlief ich ein. Ich schlief sogar weiter, als ein heftiger Regen niederging.

Am nächsten Nachmittag saß ich frisch gebadet und gesättigt im Wohnzimmer von Viamonte, steif vor Muskelkater. Zwei Tage lang lag ich auf dem Sofa und las. Die Mitglieder der Familie waren zum Zelten gefahren, alle außer Onkel Beatle. Wir unterhielten uns über fliegende Untertassen. Erst vor ein paar Tagen hatte er im Wohnzimmer eine

Erscheinung gesehen, etwas, das um ein Porträt herumschwebte.

Von Viamonte aus durchquerte ich den chilenischen Teil der Insel bis hin nach Porvenir, wo ich die Fähre nach Punta Arenas nahm.

Patrick Leigh Fermor

Der Rucksack

Ich kam wieder in der Jugendherberge an und sah, dass jemand den Rucksack von meinem unberührten Bett geräumt hatte. Der Herbergsvater suchte vergebens in einem Schrank und rief die Reinemachefrau. Nein, sagte sie, der einzige Rucksack, der dagewesen sei, habe schon am frühen Morgen auf dem Rücken des einzigen Gastes die Herberge verlassen ... Was! Ein Bursche mit Akne im Gesicht? Mein weniges Deutsch besserte ich mit pointilistischen Gesten aus. Ja, bestätigte sie, »a pickliger Bua«.

Ich war entsetzt. Anfangs begriff ich gar nicht, was für eine Katastrophe das war. Zunächst wog der Gedanke an den Verlust des Tagebuchs schwerer als alles andere. All die Tausende von Zeilen, die blumigen Beschreibungen, die *pensées*, die philosophischen Höhenflüge, die Skizzen und die Verse! Alles fort. Von meiner Verzweiflung angesteckt, begleiteten Herbergsvater und Zugehfrau mich zur Polizeiwache, wo ein mitfühlender Schupo alle Einzelheiten zu Protokoll nahm und dazu

mit der Zunge schnalzte. »Schlimm! Schlimm!« ...
Schlimm war es, aber es sollte noch schlimmer
kommen. Als er mich nach meinem Pass fragte,
griff ich in die Westentasche: Der vertraute blaue
Umschlag war nicht mehr da, und unter einer
neuen Welle von Verzweiflung fiel mir ein, dass ich
ihn zum ersten Mal auf der ganzen Reise in eine
Tasche des Rucksacks gesteckt hatte. Der Polizist
sah mich mit ernster Miene an, und noch ernster
blickte ich zurück, denn in den Pass hatte ich, damit ich ihn nicht verlor und nicht in Versuchung
kam, zu viel auszugeben, den Briefumschlag mit
meinen vier neuen Pfundnoten gesteckt; mir blieb
eine Barschaft von drei Mark und fünfundzwanzig Pfennig, und erst in vier Wochen gab es Hoffnung auf Abhilfe. Außerdem war es offensichtlich
ein schweres Vergehen, wenn man ohne Papiere
durch Deutschland zog. Der Polizist gab alle Einzelheiten telefonisch zum Präsidium durch, und als
er auflegte, sagte er: »Wir müssen zum britischen
Konsulat.« Auf der ruckelnden Straßenbahnfahrt
saß ich neben ihm. Er sah furchteinflößend aus, in
Staubmantel mit Pistolenhalfter, dem schwarzen
Lacktschako und dem Kinnriemen. Ich malte mir
schon aus, wie das Konsulat mich mit Schimpf und
Schande nach Hause schicken würde, oder man
würde mich als unerwünschten Ausländer an die
Grenze bringen; und ich fürchtete, dass mir die

Ausschweifungen des vergangenen Abends an der Stirn abzulesen waren. Ich fühlte mich um zwei Jahre zurückversetzt, zerknirscht auf dem Weg zum Büro eines Schuldirektors.

Der Beamte im Konsulat wusste schon alles. Das Hauptpolizeiamt hatte ihn telefonisch verständigt.

Der Konsul, der hinter seinem mächtigen Schreibtisch in einem komfortablen Büro saß, über sich Fotografien von König Georg V. und Königin Mary, war ein akademisch und asketisch aussehender Herr mit Hornbrille. Worum denn die ganze Aufregung gehe, fragte er mit müder Stimme.

Auf der Kante eines lederbezogenen Lehnstuhls sitzend, erklärte ich es ihm und umriss ihm die Idee meiner Wanderung nach Konstantinopel und meinen Plan, ein Buch darüber zu schreiben. Dann packte mich plötzlich die Geschwätzigkeit, und ich machte mich an eine weitschweifige, wenn auch bedachtsam zensierte Autobiographie. Als ich fertig war, fragte er mich, wo mein Vater sei. In Indien, antwortete ich. Er nickte, und es folgte eine taktvolle Pause. Er lehnte sich zurück, legte die Fingerspitzen aneinander, blickte versonnen zur Decke und fragte: »Haben Sie ein Foto?« Ich war verblüfft. »Von meinem Vater? Leider nein.« Er lachte und sagte: »Nein, von Ihnen«; da wusste ich, dass es aufwärts ging. Der Sekretär und der Polizist führten mich zu einem Schnellfotografen um die Ecke, und danach hatte ich nur noch ein paar Pfennige in der Tasche. Ich unterschrieb die Papiere, wartete auf dem Flur und wurde zurück ins Büro des Konsuls gerufen. Er fragte mich, wie ich ohne Geld durchkommen wolle. Das hatte ich mir noch nicht überlegt. Ich antwortete, vielleicht könne ich Arbeit auf Bauernhöfen finden, immer abwechselnd einen Tag arbeiten und einen Tag wandern, bis der Monat um war und Nachschub aus der Heimat kam ... »Gut«, sagte er, »die Regierung Seiner Majestät leiht Ihnen einen Fünfer. Schicken Sie ihn zurück, wenn Sie mal nicht mehr ganz so abgebrannt sind.« Nach meinem verdatterten Dank fragte er, wie ich auf die Idee gekommen sei, meinen Rucksack unbewacht in der Jugendherberge liegen zu lassen, und ich erzählte ihm auch diesen Teil der Geschichte; ich erntete ein weiteres müdes Lächeln. Als der Sekretär mit dem Pass kam, unterzeichnete der Generalkonsul ihn, löschte die Tinte sorgfältig, holte einige Banknoten aus einer Schublade, legte sie zwischen die Seiten und schob alles zu mir hin. »Bitte sehr. Und verlieren Sie ihn nicht noch einmal.« (Ich habe den Pass jetzt vor mir liegen, ausgebleicht, eingerissen, eselsohrig, schmutzig von der Reise, randvoll mit Visa von Königreichen, die es längst nicht mehr gibt, mit Ein- und Ausreisestempeln in lateinischer, griechischer und kyrillischer Schrift. Das Gesicht auf dem verblassten Foto blickt hager und recht verwegen in die Welt. Quer über den Stempel des Konsulats ist *gratis* geschrieben, und die Unterschrift lautet *D. St.Clair Gainer.*)

»Haben Sie Bekannte in München?«, fragte Mr. Gainer und erhob sich. Ich antwortete mit Ja – genauer gesagt würde ich sie noch nicht kennen, aber man habe mich der Familie empfohlen. »Dann melden Sie sich da«, sagte er. »Sehen Sie zu, dass Sie keinen Ärger bekommen, und trinken Sie kein Bier und keinen Schnaps auf leeren Magen. Ich werde die Augen nach Ihrem Buch aufhalten.«[*]

Ich trat hinaus auf die verschneite Prannerstraße wie ein Übeltäter, der noch einmal davongekommen ist.

Zum Glück war der Empfehlungsbrief nicht in dem Rucksack gewesen, ich hatte ihn ein paar Tage zuvor zur Post gegeben. Den Namen, Baron Rheinhard von Liphart-Ratshoff, hatte ich mir gemerkt, und so rief ich dort an und wurde eingeladen; noch

---

[*] Den Rucksack sah ich nie wieder. Ich hatte gehofft, der Dieb hätte vielleicht das Tagebuch fortgeworfen und jemand habe es abgegeben, doch ich hoffte vergebens. Noch erstaunlicher fand ich, dass auch der Stock mit all seinen siebenundzwanzig Abzeichen verschwunden war. Der Verlust des Tagebuches schmerzt mich bisweilen heute noch wie eine alte Wunde bei schlechtem Wetter. Der »picklige Bua« blieb spurlos verschwunden. Den Fünfer habe ich von Konstantinopel aus zurückgeschickt, fast genau ein Jahr darauf.

am selben Abend saß ich in Gräfeling, ein wenig außerhalb von München, im Lampenschein an der Tafel einer außerordentlich freundlichen und charmanten Familie. Es kam mir wie ein Wunder vor, dass ein Tag, der unter so schlechten Vorzeichen begonnen hatte, so glücklich enden sollte.

Die Lipharts waren eine weißrussische Familie; genauer gesagt kamen sie aus Estland und waren am Ende des Krieges, als die baltischen Edelleute ihre Besitzungen verloren, über Schweden und Dänemark geflohen. Die Burg, auf der sie in Estland gelebt hatten – hieß sie Ratshoff? –, war Museum geworden, und die Familie hatte sich in München niedergelassen. Sie hatten nichts von der Strenge, die man sich bei den Nachfahren von Deutschrittern ausmalen mochte – eigentlich wirkten sie überhaupt nicht deutsch –, und physiognomisch war der Wechsel von den massigen Leibern zu diesen gutaussehenden, fein gebauten Gestalten eine enorme Erleichterung. Die ganze Familie hatte etwas Griechisches, und sie ertrugen den Verlust ihres Vermögens leichtherzig und mit Stil.

Karl, der älteste Sohn und etwa fünfzehn Jahre älter als ich, war Maler, und da sein Modell für die nächsten Tage abgesagt hatte, kam ich ihm gerade recht. Jeden Morgen fuhren wir nach München und verbrachten ein paar Stunden angenehm plaudernd in seinem Atelier. Ich ließ mir Anekdoten und Skandalgeschichten und lustige Begebenheiten aus Bayern erzählen, während der Schnee sich auf dem Oberlicht sammelte und das Bild mit beherzten Pinselstrichen Gestalt annahm.* Wenn es dunkel wurde, warteten wir im Café auf Karls jüngeren Bruder Arvid, der in einem Buchladen arbeitete. Wir saßen ein, zwei Stunden mit Freunden der beiden zusammen, aßen eine Kleinigkeit, oder wir besuchten die Freunde zu Hause und tranken ein Gläschen. Einen Tag lang, als Karl anderes zu tun hatte, erforschte ich so viele Barockkirchen und Theater, wie ich konnte, und verbrachte einen ganzen Vormittag in der Pinakothek. Abends fuhren wir mit dem Zug nach Gräfeling zurück.

Die Eltern waren faszinierende Überbleibsel jener Jahrzehnte, als Paris und Südfrankreich und Rom und Venedig voller vornehmer Herrschaften aus nördlichen Ländern waren, die dort Abwechslung von den Birken und Tannen, der endlosen schneebedeckten Weite ihrer Ländereien suchten. In Gedanken sah ich sie im Licht von Gaslaternen auf den Treppen der Opernhäuser oder im Zweispänner mit zwei perfekt zusammenpassenden Grauen auf Lindenalleen – ja selbst die scharlachroten und kanariengelben Speichen sah ich in der Sonne blitzen. Vielleicht machten sie eine Spazier-

---

* Es wurde im Krieg von einer Bombe zerstört.

fahrt zwischen den Gräbern an der Via Appia oder glitten von Palazzo zu Palazzo, prachtvoll gewandet und unter einem Labyrinth von Brücken hindurch. Einen Großteil seines Lebens hatte Karls Vater in den Ateliers von Malern und in den Arbeitszimmern von Schriftstellern verbracht, und das Haus war vollgestopft mit Büchern in einem halben Dutzend Sprachen. In meinem Zimmer hing ein altes Foto, das mich sehr beeindruckte. Es zeigte meinen Gastgeber als jungen Mann, im todschicken Dress, hoch zu Ross auf einem wunderschönen Rappen und umgeben von einer Meute Jagdhunde. Über den Zylindern und den versammelten Kutschen seiner Gäste thronte die alte Burg. Der Verlust meines Rucksacks, jetzt schon als witzige Geschichte erzählt, bescherte mir Mitleid ohne Ende. Was! Ich hatte alles verloren? So schlimm sei es nicht, antwortete ich, ich hätte ja Mr. Gainers Fünfer. »Mein lieber Junge, den werden Sie brauchen!«, rief der Baron. »Jeden einzelnen Penny. Halten Sie das gut beisammen! Karl, Arvid! Nach dem Essen müssen wir uns auf dem Dachboden umsehen.« Dachboden und mehrere Schränke gaben einen prachtvollen Rucksack preis, einen Pullover und Hemden, Socken, Schlafanzug, einen ganzen Berg von Kleinigkeiten. Alles ging in Windeseile und mit größtem Vergnügen zu, und binnen zehn Minuten war ich so gut wie neu ausgestattet. (Das Wenige, was mir noch fehlte, kaufte ich am nächsten Tag in München für noch nicht einmal ein Pfund.) Es war ein Tag voller Wunder. Ich war wie benommen von dieser so selbstverständlichen, überbordenden Großzügigkeit; doch ihre freundliche, lebenslustige Art zerstreute alle Skrupel, die ich eigentlich hätte haben sollen.

Ich blieb fünf Tage. Als der Abschied kam, war es, als zöge ein Sohn des Hauses in die Fremde. Der Baron breitete Landkarten aus, zeigte mir Städte, Berge, Klöster und die Landhäuser von Freunden, an die er schreiben würde, damit ich von Zeit zu Zeit eine bequemere Übernachtung und ein Bad bekam. »Hier, sehen Sie! Nando Arco in Sankt Martin! Und mein alter Freund Botho Coreth in Hochschatten. Die Trautmannsdorffs in Pottenbrunn!« (Er schrieb ihnen allen, und meine Reise gewann dadurch eine ganz andere Dimension.) Er und die Baronin machten sich Sorgen wegen Bulgarien. »Das ist voll von Räubern und *comitadjis*. Da müssen Sie sich in Acht nehmen! Eine entsetzliche Bande. *Und dann erst die Türken!*« Welche Greuel ich von den Türken zu befürchten hatte, sagten sie nicht.

Die Abende gehörten ganz den Gesprächen und den Büchern. Der Baron ließ sich über den Einfluss von *Don Juan* auf *Eugen Onegin* aus, über den Niedergang der deutschen Literatur und die wechselnden Moden in Frankreich: Las noch jemand Paul Bourget? Henri de Regnier? Maurice Barrès? Ich wünschte, ich hätte es ihm sagen können. Nach dem Verlust meiner Habe besaß ich nur noch ein einziges Buch, das die Katastrophe halb vergessen in einer Jackentasche überlebt hatte, meine deutsche Ausgabe des *Hamlet*; stimmte es wirklich, dass die deutsche Fassung genauso gut war wie das Original? »Nein, überhaupt nicht!«, antwortete der Baron. »Aber sie ist besser als die Shakespeare-Übersetzungen in allen anderen Sprachen. Hören Sie es sich an!« Er holte vier Bücher herbei und las mir Mark Antons Rede auf Russisch, Französisch, Italienisch und Deutsch vor. Wie stets klang das Russische höchst eindrucksvoll. Die französische Fassung wirkte geziert, die italienische bombastisch und weitschweifig; in allen drei Fällen unterstrich er die Eigenheiten, was unfair, aber lustig war. Das Deutsche aber klang anders als alles, was ich auf dieser Reise gehört hatte: langsam, eindringlich, klar, musikalisch, ohne jede Härte oder Schärfe oder Geschwätzigkeit; und in diesen Minuten, als das Lampenlicht auf dem weißen Haar des Lesers, auf den Augenbrauen und dem mächtigen weißen Schnurrbart spielte und, wenn er die Seiten umschlug, den Siegelring an der Hand aufblitzen ließ, begriff ich zum ersten Mal, was für eine großartige Sprache es sein konnte.

Und als sei all das nicht schon genug gewesen, stand der eigentliche Höhepunkt erst noch bevor. Ich hatte erzählt, dass meine Bücher das seien, was ich nach dem verlorenen Tagebuch am meisten vermisste. Ich hätte inzwischen wissen sollen, dass jede Erwähnung eines Verlustes unter diesem Dach nur eine einzige Antwort kannte ... Welche Bücher? Ich zählte sie auf; und als die Zeit des Abschieds gekommen war, sagte der Baron: »Bei den anderen können wir nichts für Sie tun, aber immerhin haben wir einen Horaz.« Er drückte mir ein Duodezbändchen in die Hand. Es waren die Oden und Epoden, in Amsterdam um die Mitte des siebzehnten Jahrhunderts wunderbar auf Bibelpapier gedruckt, in kräftiges grünes Leder mit Goldprägung gebunden. Auf dem Rücken war die Farbe verblasst, doch die Deckel waren so grün wie Gras nach dem Regen, und das kleine Buch ließ sich so perfekt öffnen und schließen wie ein chinesisches Kästchen. Die Seiten hatten einen Goldschnitt, und ein ausgeblichenes Lesebändchen aus scharlachroter Seide lag quer über den altertümlichen Buchstaben und den bezaubernden Kupferstichvignetten: Füllhörner, Leiern, Panflöten, Kränze aus Öl- und Lorbeer- und Myrtenzweigen. Kleine Mezzotinti zeigten das Forum, das Kapitol, imaginäre sabinische Landschaften, Tibur, Lukretilis, die bandusische Quelle, Sorakte, Venusia ... Pro forma wehrte ich die Gabe als viel zu wertvoll für die bevorstehende Reise ab. Aber ich war, sah ich mit Erleichterung, zur Annahme gezwungen, denn eine Widmung »Für unseren jungen Freund« etc. prangte auf der Seite gegenüber dem emblematischen Exlibris mit dem Namen ihrer erkerstarrenden baltischen Burg. Hie und da lag zwischen den Buchseiten ein trockenes Blatt, ein Souvenir aus verlorenen Wäldern.

Dieses Buch wurde zum Zaubermittel. In den nächsten Tagen spürte ich, dass jeder, der es zu Gesicht bekam, genauso fasziniert war wie ich. Auch am zweiten Abend, an dem ich es neben das beherzt begonnene neue Tagebuch auf einen Wirtshaustisch legte – der erste war in Rosenheim gewesen, diesmal war es Hohenaschau –, fühlte ich mich sogleich um vieles vornehmer als der Landstreicher, der ich in Wirklichkeit war. »Was für ein hübsches kleines Buch!«, staunten Leute ehrfürchtig. Behutsam schlugen schwielige Finger die Seiten auf. »So, Lateinisch? Ja dann ...« Gänzlich unverdient war ich mit einer Aura von Gelehrsamkeit und Wohlanständigkeit umgeben.

Ich hatte mich an einen Ratschlag gehalten, den der Bürgermeister von Bruchsal mir gegeben hatte, und mich gleich nach meiner Ankunft in dem kleinen Dorf bei seinem Amtskollegen gemeldet. Ich fand ihn im Gemeindeamt, und er füllte ein Formular für mich aus. Dies gab ich im Gasthaus ab und erhielt dafür ein Abendessen und einen Krug Bier, ein Bett für die Nacht sowie Brot und eine Schale Kaffee am folgenden Morgen, alles auf Kosten der Gemeinde. Heute kommt mir das unglaublich vor, aber es ist die Wahrheit, und ich wurde nicht wie ein Bettler behandelt; wo immer ich dieses Recht in Anspruch nahm, hieß man mich freundlich willkommen. Wie oft mag ich von diesem wunderbaren und offenbar uralten Brauch meinen Nutzen gehabt haben? In ganz Deutschland und Österreich war es so Sitte, wohl ein Überbleibsel alter Freundlichkeit gegenüber wandernden Mönchen und Scholaren, in deren Genuss nun alle armen Reisenden kamen.

H. D. Thoreau

Vom Wandern

Ich möchte meine Stimme für die Natur erheben, für absolute Freiheit und Wildheit, im Gegensatz zu den Freiheiten, wie sie uns die bürgerliche Kultur zubilligt. Für mich ist der Mensch Bewohner und Teil der Natur und nicht bloßes Mitglied der Gesellschaft. Ich möchte eine radikal andere Sicht der Dinge darlegen, und dies so emphatisch wie mir möglich, denn an Befürwortern mangelt es der Zivilisation ja nicht: Darum kümmern sich schon der Pfarrer, das Schulkomitee und ein jeder von euch.

Im Laufe meines Lebens habe ich nur ein oder zwei Personen getroffen, die die Kunst zu gehen, zu wandern wirklich beherrschten, die sozusagen eine Begabung zum *sauntering*, zum Schlendern, besaßen, ein Wort, das wunderbar abgeleitet ist von »müßigen Menschen, die im Mittelalter übers Land zogen und um Almosen baten unter dem Vorwand, sie gingen *à la Sainte Terre*«, zum Heiligen Land, bis die Kinder riefen: »Da geht ein *Sainte-Terrer*«;

ein Saunterer, ein Heiligländer. Wer, entgegen eigener Behauptung, niemals zum Heiligen Land unterwegs ist, muss tatsächlich als bloßer Müßiggänger und Vagabund gelten; nur wer ernsthaft dorthinzuwandern gedenkt, ist ein »Schlenderer« im guten Sinne des Wortes, wie ich es verstehe. Es gibt auch Leute, die das Wort von *sans terre*, ohne Land oder Zuhause, ableiten, was (wiederum im guten Sinne) bedeutet: kein bestimmtes Zuhause zu haben, überall zu Hause zu sein. Denn darin liegt ja das Geheimnis des Wanderns. Wer die ganze Zeit in der Stube hockt, kann der größte Vagabund sein; der schlendernde Wanderer aber treibt sich nicht mehr herum als ein munterer Fluss, der mäandernd den kürzesten Weg zum Meer sucht. Mir persönlich scheint die erste Erklärung die richtigere zu sein. Jede Wanderung ist ja eine Art von Kreuzzug, zu dem uns irgendein innerer Peter der Einsiedler aufruft, nämlich: loszugehen und dieses Heilige Land von den Ungläubigen zurückzuerobern.

Ja, Kreuzfahrer sind auch wir, aber ach: wie kleinmütig und zaghaft! Wer nimmt denn noch Risiken auf sich, wer beginnt eine Wanderung, ohne zu wissen, wann sie endet? Wir muten uns doch höchstens kleine Ausflüge zu, die am Abend dort enden, wo wir losgegangen sind: am häuslichen Herd. Mithin besteht schon eine Hälfte der Wanderung darin, unsere Schritte zurückzulenken.

Stattdessen sollten wir immer weiter gehen, selbst auf der kürzesten Wanderung, mit der Einstellung, vielleicht niemals zurückzukehren; wir sollten bereit sein, uns in ein unsterbliches Abenteuer zu verlieren, aus dem lediglich unsere einbalsamierten Herzen als Reliquien in unsere verlassenen Königreiche zurückgesandt werden. Wenn du bereit bist, Vater und Mutter zu verlassen, Bruder und Schwester, Frau und Kind und deine Freunde, sie niemals wiederzusehen – wenn du deine Schulden bezahlt, dein Testament gemacht, alle deine Angelegenheiten geregelt hast und ein freier Mensch bist – dann bist du bereit zu wandern.

Um von meinen eigenen Erfahrungen zu sprechen, so haben wir, mein Weggefährte und ich (denn manchmal habe ich einen Begleiter), Freude daran, uns vorzustellen, wir seien Ritter eines neuen, oder besser: eines sehr alten Ordens. Natürlich denken wir dabei nicht an Equites oder Chevaliers, nicht an Ritter oder Riders, sondern an Wanderer, eine noch ältere und ehrwürdigere Klasse, wie ich glaube. Das Ritterliche und Heldenhafte, das den früheren Rittern eigen war, scheint nunmehr dem Wanderer zugefallen zu sein; gab es vormals den fahrenden Ritter, so haben wir es heute mit dem fahrenden Wanderer zu tun, der so etwas wie ein vierter Stand ist, außerhalb von Kirche, Staat und Volk.

Wir haben den Eindruck gewonnen, dass wir in

dieser Gegend die Einzigen sind, die diese edle Kunst ausüben; dennoch würden, um die Wahrheit zu sagen, die meisten unserer Stadtbewohner, soweit man ihren Worten Glauben schenken darf, gern von Zeit zu Zeit wandern, so wie ich es tue – aber sie können es nicht. Alles Geld dieser Welt reicht nicht aus, um die unverzichtbare Muße, Freiheit und Unabhängigkeit zu erwerben, die das Kapital für diese Tätigkeit sind. Allein die Gnade Gottes kann es uns schenken. Es bedarf einer unmittelbaren Fügung des Himmels, ein Wanderer zu werden. Du musst in die Familie der Wanderer hineingeboren werden. *Ambulator nascitur, non fit* [Als Spaziergänger wird man geboren, werden kann man es nicht]. Einige meiner Mitbürger können sich zwar noch lebhaft an Wanderungen erinnern, die sie vor zehn Jahren gemacht haben. Aus ihren Beschreibungen spüre ich, wie selig sie waren, sich für nur eine halbe Stunde in den Wäldern zu verlieren; seither freilich, das weiß ich genau, haben sie doch lieber die Landstraße genommen, auch wenn sie immer noch behaupten, zu jenen Auserwählten zu gehören. Zweifellos waren sie für einen Augenblick herausgehoben, indem sie sich an ein früheres Stadium ihres Seins erinnerten, als sie selbst Waldmenschen und Gesetzlose waren.

»*Als er kam zum grünen Wald*
Eines frohen Morgens,
Hörte er die Stimmen zart
Froher Vögel singen.

Lange bin, so sagte Robyn,
Ich nicht hier gewesen.
Jetzt hätt ich nicht übel Lust, ein
Braunes Reh zu schießen.«

[A Lytell Geste of Robyn Hode]

Ich bin davon überzeugt, dass ich meine Gesundheit und meine Lebensgeister nicht erhalten kann,
wenn ich nicht wenigstens vier Stunden am Tag –
für gewöhnlich sind es mehr – durch die Wälder
und über die Hügel und Felder streife, vollkommen frei von allen weltlichen Verpflichtungen. Man
wird mir sicher sagen: Einen Penny für deine Gedanken oder tausend Pfund. Wenn ich manchmal
daran erinnert werde, wie viele Handwerker und
Geschäftsleute nicht nur den ganzen Morgen, sondern auch den ganzen Nachmittag in ihren Läden
hocken – mit überkreuzten Beinen, als ob sie damit
nur sitzen und nicht stehen oder wandern könnten –, so denke ich, dass sie alle Hochachtung verdienen, nicht längst Selbstmord begangen zu haben.
  Ich selbst kann nicht einen einzigen Tag in meinem Zimmer bleiben, ohne Rost anzusetzen, und

wenn ich mich manchmal erst in der elften Stunde oder um vier Uhr nachmittags zu einer Wanderung fortstahl – zu spät, um den Tag zurückzugewinnen, da die Schatten der Nacht sich bereits mit dem Tageslicht zu vermischen begannen –, dann fühlte ich mich, als hätte ich eine Sünde begangen, für die ich büßen müsste. Meine Nachbarn besitzen eine so gewaltige Ausdauer und seelische Stumpfheit, sich über Tage, Wochen, Monate, selbst Jahre an ihre Läden und Büros zu ketten, dass ich nur staunen kann. Ich weiß nicht, aus welcher Substanz sie geschaffen sind, dass sie es fertigbringen, um drei Uhr nachmittags genauso dazusitzen wie um drei Uhr früh. Napoleon mag von der Drei-Uhr-früh-Tapferkeit sprechen, aber die ist nichts im Vergleich zu der Tapferkeit, die man braucht, um sich zu dieser Nachmittagsstunde heiter hinzusetzen und dem eigenen Ich zuzugesellen, mit dem man es doch schon den ganzen Morgen zu tun gehabt hat, um eine Garnison auszuhungern, mit der man doch in enger Zuneigung verbunden ist. Es wundert mich, dass um diese Zeit – gegen vier oder fünf Uhr nachmittags, wenn es zu spät ist für die Morgenzeitung und noch zu früh für das Abendblatt – auf den Straßen keine große Explosion zu hören ist, die eine Unzahl altmodischer und verschrobener Ideen in alle vier Winde verstreut, damit das Übel an der frischen Luft sich selbst kuriere.

Wie die Frauen, die ja noch mehr ans Haus gebunden sind als die Männer, dies überstehen, weiß ich nicht. Aber ich habe Grund zu der Annahme, dass die meisten von ihnen es eigentlich gar nicht über*stehen*. Wenn wir an einem frühen Sommernachmittag den Staub des Ortes aus unserer Kleidung geschüttelt haben und an den Häusern vorbeieilen, die mit ihren rein dorischen oder gotischen Fassaden so viel Ruhe ausstrahlen, dann flüstert mir mein Weggefährte zu, dass die Bewohner dieser Häuser wahrscheinlich schon zu Bett gegangen sind, und ich genieße die Schönheit und Pracht der Architektur, die sich selbst niemals ins Innere zurückzieht, sondern immerdar draußen aufrecht steht und über die Schlummernden wacht.

Kein Zweifel: Temperament und vor allem das Alter haben viel damit zu tun. Wenn ein Mann älter wird, wächst seine Fähigkeit, still zu sitzen und einer Tätigkeit innerhalb des Hauses nachzugehen. Da sich der Lebensabend nähert, wird er in seinen Gewohnheiten zu einem Abendmenschen, bis er schließlich nur noch vor Sonnenuntergang das Haus verlässt und die nötigsten Gänge in einer halben Stunde erledigt.

Das Wandern jedoch, von dem ich spreche, hat nichts gemein mit einem Sich-Bewegung-Verschaffen, wie es genannt wird – so wie Kranke ihre Medizin zu festgesetzten Zeiten nehmen, wie das

Schwingen von Hanteln oder Stühlen –; es ist vielmehr das Wagnis und Abenteuer eines jeden Tages. Wenn du dir tatsächlich Bewegung verschaffen willst, dann suche nach den Quellen des Lebens. Man stelle sich nur einen Mann vor, der um seiner Gesundheit willen Hanteln schwingt und niemals auf die Idee kommt, sich aufzumachen zu dem weit entfernten Weideland, wo jene Quellen sprudeln.

Ferner musst du gehen wie ein Kamel, von dem es heißt, es sei das einzige Tier, das beim Gehen alles noch einmal durchkaut. Als ein Reisender Wordsworths Haushälterin bat, ihm das Arbeitszimmer ihres Herrn zu zeigen, antwortete sie: »Hier ist seine Bibliothek, sein Arbeitszimmer liegt draußen vor der Tür.«

Wenn man sehr viel draußen ist, sich Sonne und Wind aussetzt, so wird dies zweifellos eine gewisse Rauheit des Charakters hervorrufen – und, wie auf Gesicht und Händen, auf einigen unserer feineren Wesenszüge eine dickere Hautschicht wachsen lassen, so wie schwere manuelle Arbeit die Hände eines Teils ihrer Feinfühligkeit beraubt. Andererseits kann das Verweilen im Haus eine weiche und glatte, um nicht zu sagen dünne Haut bewirken, begleitet von einer gesteigerten Empfindsamkeit für gewisse Eindrücke. Vielleicht wären unsere Sinne empfänglicher für wichtige, unserem geistigen und moralischen Wachstum nützliche Einflüsse, wenn uns die Sonne etwas weniger beschienen, der Wind etwas weniger umweht hätte; und zweifellos ist es eine schöne Sache, die dicke und die dünne Haut ins richtige Verhältnis zueinander zu setzen. Aber mir scheint, dass dies ein Schorf ist, der sehr rasch abfallen wird – dass das natürliche Heilmittel in dem Verhältnis gefunden werden kann, welches zwischen Nacht und Tag liegt, zwischen Winter und Sommer, zwischen dem Denken und der Erfahrung. So wird viel mehr Luft, mehr Sonnenschein in unseren Gedanken sein. Die schwieligen Hände des Arbeiters sind mit feineren Geweben wie Selbstachtung und Heldenmut vertraut, deren Berührung das Herz erbeben lässt, als die schlaffen Finger des Müßiggangs. Das ist doch bloße Sentimentalität, die tagsüber im Bett liegt und sich weiß vorkommt, aber weit entfernt ist von der Bräune und den Schwielen der Erfahrung.

Natürlich gehen wir in Feld und Wald, wenn wir wandern, denn was hätten wir davon, wenn wir in einem Garten oder auf einer Promenade herumliefen? Es hat Philosophensekten gegeben, die, da sie nicht in die Wälder gingen, den Wald zu sich holten, denn sie spürten, wie sehr sie seiner bedurften. »Sie pflanzten Haine und Platanenalleen«, wo sie in den offenen Säulenhallen an frischer Luft *subdiales ambulationes* [Spaziergänge unter freiem Himmel] unternahmen. Es hat natürlich keinen

53

Zweck, unsere Schritte in die Wälder zu lenken, wenn unser Selbst nicht mitgeht. Ich bin beunruhigt, wenn es mir widerfährt, dass mein Körper eine Meile in den Wald hineingegangen ist, ohne meinen Geist mitzunehmen. Bei meiner Nachmittagswanderung würde ich gern alle meine morgendlichen Beschäftigungen und gesellschaftlichen Pflichten vergessen. Aber so leicht kann ich das Städtchen nicht abschütteln. Der Gedanke an eine bestimmte Tätigkeit geht mir dann im Kopf herum, und ich bin nicht dort, wo mein Körper ist – ich bin von Sinnen. Während meiner Wanderungen würde ich aber gern zur Besinnung kommen! Was habe ich in den Wäldern zu suchen, wenn ich an etwas denke, das außerhalb der Wälder liegt? Ich zweifle an mir selbst und komme nicht umhin, zu schaudern, wenn auch ich mich in vielerlei Tätigkeiten verstrickt finde, mögen sie auch, und bisweilen mit Recht, als gute Werke erscheinen.

In meiner Umgebung gibt es viele gute Wandermöglichkeiten; und obwohl ich schon viele Jahre lang fast jeden Tag und manchmal sogar über mehrere Tage gewandert bin, habe ich noch nicht alle ausgeschöpft. Eine ganz neue Aussicht ist ein großes Glück, und das kann ich jeden Nachmittag erfahren. Schon eine zwei- bis dreistündige Wanderung bringt mich in eine Gegend, wie ich sie mir nirgendwo fremder vorstellen kann. Ein einsames Gehöft, das ich noch nie gesehen hatte, ist manchmal genauso imposant wie das königliche Anwesen in Dahomey. Es gibt in der Tat eine Art von Übereinstimmung zu entdecken zwischen den Eigenschaften einer Landschaft im Umkreis von zehn Meilen oder den Grenzen eines Nachmittagsspaziergangs und den etwa sieben Jahrzehnten des menschlichen Lebens. Beide werden dir niemals ganz vertraut sein.

Fast alle zivilisatorischen Fortschritte, wie das Errichten von Häusern oder das Abholzen des Waldes und all der alten Bäume, verunstalten heutzutage die Landschaft und machen sie zahmer und wertloser. Wo ist das Volk, das anfängt, die Zäune niederzubrennen und den Wald stehen zu lassen! Einmal sah ich halb verrottete Zäune, verloren inmitten der Prärie, als irgendein gewinnsüchtiger Weltmensch erschien, in Begleitung eines Landvermessers, um nach den Umgrenzungen seines Besitztums zu schauen, während sich ringsum der weite Himmel auftat; aber die Engel, die da auf- und abstiegen, sah er nicht, sondern suchte hier, mitten im Paradies, nach einem alten Pfahlloch in der Erde. Und abermals sah ich ihn, wie er, umgeben von Teufeln, inmitten eines morastigen, stygischen Sumpfes stand, wo er zweifellos seine Grenzmarkierungen gefunden hatte, drei kleine Steine zeigten ihm die Stelle, an der ein Grenzpfosten eingerammt gewesen war; und als ich näher hinschaute, sah ich, dass sein Landvermesser der Fürst der Finsternis war.

Von meiner Haustür aus kann ich leicht zehn, fünfzehn, zwanzig, beliebig viele Meilen wandern, ohne an ein Haus zu kommen, ohne eine Straße zu überqueren – außer dort, wo Fuchs und Nerz es tun: zuerst am Fluss entlang und dann am Bach, dann durch Wiese und Wald. Es gibt ganze Quadratmeilen in meiner Umgebung ohne Einwohner. Von vielen Hügeln aus kann ich die menschlichen Ansiedlungen in der Ferne liegen sehen. Von den Farmern und ihrer Arbeit ist von hier aus kaum mehr zu sehen, als wenn man nach Waldmurmeltieren und ihren Höhlen Ausschau hielte. Der Mensch und seine Geschäfte, Kirche, Staat und Schule, Handel und Gewerbe, Industrie und Landwirtschaft, sogar die Politik, der größte Unruhestifter von allen – wie ich mich freue, dass von ihnen so wenig in dieser Landschaft wahrzunehmen ist! Die Politik ist nur ein schmales Feld, zu welchem jene noch schmalere Straße dort unten führt. Manchmal beschreibe ich einem Reisenden den Weg dorthin. Wenn du in die Welt der Politik gehen willst, dann folge der großen Straße, folge dem erstbesten Geschäftsmann, verliere den Staub, den er aufwirbelt, nicht aus den Augen, und er wird dich geradewegs hinführen; denn auch sie hat ihren eigenen Bereich und nimmt nicht allen Raum ein. Als würde ich von einem Bohnenfeld in den Wald entschwinden, mache ich mich von der Politik frei, und alsbald ist sie vergessen. In nur einer halben Stunde kann ich zu einem Fleckchen Erde gelangen, das während eines ganzen Jahres kein Mensch betreten wird, und folglich gibt es dort keine Politik. Denn was wäre diese mehr als der Rauch einer Zigarre?

Das *village*, das Dorf, ist der Ort, zu dem die Straßen hinführen, eine Art Erweiterung der Landstraße, so wie sich ein Fluss zu einem See erweitert. Es ist ein Körper, zu dem die Straßen wie Arme und Beine gehören, ein drei- oder vierfach erreichbarer, ein trivialer oder quadrivialer Ort, wo Reisende durchfahren oder rasten. Das Wort kommt von dem lateinischen *villa*, das seinerseits zusammenhängt mit *via*, Weg, oder den älteren Formen *ved* und *vella*. Varro stammt von *vehere* (fahren, bringen), da die Villa der Ort ist, zu dem die Dinge hin- und von wo sie fortgetragen werden. Von denen, die ein Fuhrwerk hatten und davon lebten, hieß es: *vellaturam facere*. Daher stammt wohl auch das lateinische *vilis* (nichtswürdig) sowie unser *villain* (Schurke), was darauf hindeutet, zu welcher Art von Degeneriertheit die Dorfbewohner neigen. Sie sind müde von dem vielen Reisen, das an ihnen vorbei- und über sie hinweggegangen ist, ohne dass sie selbst reisen.

Manche gehen überhaupt nicht, andere gehen auf

Landstraßen, wenige gehen querfeldein. Straßen sind für Pferde und Geschäftsleute gemacht. Ich benutze sie vergleichsweise selten, denn ich stehe nicht unter dem Zeitdruck, irgendein Wirtshaus, einen Laden, einen Mietstall oder ein Lagerhaus zu erreichen, zu denen sie führen. Zwar bin ich ein gutes Reisepferd, aber ungern auf Straßen. Ein Landschaftsmaler setzt menschliche Gestalten auf die Straße, damit diese als solche überhaupt kenntlich wird. Meine Gestalt könnte er dort nicht unterbringen. Ich wandere in eine Natur hinaus, durch welche schon die alten Propheten und Dichter – Manu, Moses, Homer, Chaucer – gewandert sind. Du magst sie Amerika nennen, aber es ist nicht Amerika; weder Americus Vespucius noch Kolumbus oder andere waren ihre Entdecker. Die Mythologie liefert uns dazu einen verlässlicheren Bericht als irgendeine »Geschichte Amerikas«, die ich kenne.

Es gibt jedoch einige alte Straßen, die man mit Gewinn begehen kann, als führten sie jetzt, da sie kaum mehr benutzt werden, endlich irgendwohin. Da ist zum Beispiel die Old Marlborough Road, die heute, glaube ich, gar nicht mehr nach Marlborough führt, es sei denn, das, wohin sie mich führt, ist Marlborough. Ich erlaube mir die Kühnheit, hier davon zu sprechen, denn ich nehme an, dass es in jeder Stadt noch ein oder zwei dieser Straßen gibt:

Die Old Marlborough Road

Wo einst sie gruben nach Gold,
Doch ohne jeden Erfolg,
Wo manchmal Miles der Krieger
Ganz allein marschiert,
Auch Elijah Wooden tut es,
Und ich ahn für ihn nichts Gutes,
Wo außer Elisha Dugan
Kein anderer Mann
Das Leben ertragen kann,
Ein Mann von rauem Sinn,
Rebhuhn und Wildkanin
Gehören zu ihm,
Er stellt Fallen für morgen,
Hat sonst nichts zu besorgen,
Er lebt ganz allein,
Nah der Erde, dem Gebein:
Wie er das süße Leben liebt,
Da es ihm immer zu essen gibt.
Wenn der Lenz mein Blut bewegt
Und meine Reiselust sich regt,
Find ich den Schotter wieder. Wo?
Auf der alten Straße nach Marlborough,
Die keiner repariert,
Da keiner sie lädiert:
Des Lebens Weg erkennen,
Wie es die Christen nennen.

Wenige freilich finden hierhin,
Einzig die Gäste des Iren Quin.
Was, was? Sind hier denn Ort und Zeit
Nichts als reine Möglichkeit?
Und ist es also ohne Sinn
Zu fragen: Wo geht's hin?

Wegweiser groß aus Stein.
Aber Reisende? Nein.
Grabmäler am Straßenrand
Aus toten Städten, unbekannt.
Wenn du entzifferst das Gestein,
Weißt du, wo du könntest sein.
Welchem König, wie ratlos ich bin,
Kam es eigentlich in den Sinn,
Die Steintafeln zu schaffen hierhin,
Welcher Stadtrat ordnet' es an,
Aus welchem Grunde, wie und wann?
Wir erfahren es wohl nie,
Ob Gourgas, Darby, Clark, ob Lee.
Du spürst genau, hier wächst die Zeit
Steinern in die Ewigkeit.
Sonst sind die Tafeln leer,
Man erkennt nichts mehr,
Seufzt der Reisende; er hätte
Die Möglichkeit, an dieser Stätte
Einen Satz in den Stein zu hauen,
Den ein andrer lesen kann,

Wenn allergrößte Not am Mann,
Der ihn begleitet viele Meilen,
Ja, ich kenne ein, zwei Zeilen,
Das wäre Dichtung,
Die dem ganzen Land
Wiese die Richtung,
Die übers Jahr zu bewahren
Leichtfiele trotz Gefahren,
Bis Schnee und Eis vorbei
Und der Weg im Frühjahr frei,
Und die der Wandersmann
dann wiederlesen kann.

Wenn du wirklich wach bei Sinnen
Und dich nichts zu Hause hält,
Führt dich die Old Marlborough Road
Um die ganze weite Welt.

Zum Glück befindet sich das schönste Stück Land
in meiner Umgebung gegenwärtig nicht in Privat-
besitz; niemand ist dort Eigentümer, und der Wanderer erfreut sich beträchtlicher Freiheit. Aber der
Tag wird kommen, da es aufgeteilt wird in sogenannte Erholungsgebiete und Vergnügungsparks,
in denen nur einige wenige ihr enges und exklu-
sives Vergnügen finden werden – da die Zahl der
Zäune weiter zunehmen wird und die Menschen
gezwungen sind, aus Sorge vor Fußangeln und an-

deren tückischen Erfindungen, auf den *öffentlichen* Wegen zu bleiben. Wandern über Gottes Erde wird dann als unbefugtes Eindringen in den Landbesitz irgendeines Gentleman ausgelegt werden. Wer aber etwas genießen will, indem er andere ausschließt, beraubt sich selbst des wahren Genusses. Lasst uns jetzt unsere Chancen nutzen, bevor die bösen Tage kommen.

Woran liegt es, dass wir manchmal nicht recht entscheiden können, wohin wir wandern wollen? Ich glaube, dass es einen feinen Magnetismus in der Natur gibt, der uns, wenn wir uns ihm unbewusst überlassen, den richtigen Weg weisen wird. Es ist uns nicht gleichgültig, welchen Weg wir gehen. Es gibt einen richtigen Weg, aber wir neigen dazu, aus Unachtsamkeit und Dummheit den falschen zu nehmen. Wir würden gern jenen Weg durch unsere äußere Welt nehmen, den wir bisher noch nie eingeschlagen haben – der vollkommen dem Weg entspricht, auf dem wir immerzu in unserer inneren und idealen Welt unterwegs sind. Da unsere Vorstellungen von diesem tieferen Sinn noch so unklar sind, haben wir häufig Schwierigkeiten damit, unsere Richtung zu wählen.

Wenn ich aus dem Haus gehe, um eine Wanderung zu machen, noch unsicher, wohin ich meine Schritte lenken soll, und die Entscheidung meinem Instinkt überlasse, so stelle ich fest – es mag seltsam und absonderlich klingen –, dass ich mich schließlich, als könnte es nicht anders sein, nach Südwesten wende, zu einem bestimmten Wald, einer Wiese, einer verlassenen Weide oder einem Hügel in dieser Richtung. Mein innerer Kompass ist jedoch träge: Nicht immer zeigt seine Nadel genau Südwesten an, sie schwankt, zugegeben, gelegentlich um einige Grade – wohl aus guten Gründen; aber sie bleibt immer zwischen West und Süd-Südwest stehen. In dieser Richtung liegt für mich die Zukunft, dort scheint die Erde reicher und noch weniger ausgebeutet zu sein. Die Grenzlinie meiner Wanderungen ergäbe keinen Kreis, sondern eine Parabel, oder, besser: eine jener Kometenbahnen, die, wie man annimmt, ohne Rückkehr ins Unendliche kurven, in diesem Fall also nach Westen geöffnet, und den Platz der Sonne würde mein Haus einnehmen. Manchmal drehe ich mich eine Viertelstunde lang unschlüssig im Kreis, bevor ich mich zum tausendsten Mal dafür entscheide, nach Südwesten oder Westen zu wandern. Nach Osten gehe ich nur notgedrungen; nach Westen aber gehe ich freiwillig, und niemals aus einem besonderen Anlass. Ich kann einfach nicht glauben, dass es hinter dem östlichen Horizont freie, wilde Landschaften gibt. Nichts kann mich reizen, dorthinzuwandern, während ich glaube, dass der Wald, den ich am westlichen

Horizont sehe, sich ununterbrochen bis zur untergehenden Sonne ausdehnt und dass die Dörfer oder Städte dort keine Ausmaße erreichen, die mich stören könnten. Wo auch immer ich lebe – liegt auf der einen Seite die Stadt, auf der anderen die Wildnis, so wende ich mich mehr und mehr von der Stadt ab und ziehe mich in die Wildnis zurück. Ich würde dem keine so große Bedeutung beimessen, wenn ich nicht glaubte, dass sich auch meine Landsleute nach Westen orientieren. Für mich heißt dies, gen Oregon zu wandern, nicht gen Europa. Dieser Drang hat die ganze Nation ergriffen, und ich möchte sogar sagen, dass die Menschheit insgesamt von Ost nach West fortschreitet. Innerhalb weniger Jahre haben wir das Phänomen miterlebt, dass bei der Besiedelung Australiens eine Migration südostwärts stattgefunden hat; aber diese Bewegung wirkt auf uns rückschrittlich und hat sich, dem moralischen und physischen Charakter der ersten Generation von Australiern nach zu urteilen, noch nicht als erfolgreiches Experiment erwiesen. Die östlichen Tataren glauben, dass es westlich von Tibet nichts mehr gibt. »Dort ist die Welt zu Ende«, sagen sie, »dahinter liegt nichts als ein uferloses Meer.« Wo sie leben, ist tiefster Osten.

Ostwärts gehen wir, um die Geschichte kennenzulernen, um die Werke der Kunst und Literatur zu studieren, indem wir unser Herkommen zurückverfolgen; wir gehen westwärts den Weg in die Zukunft, voller Unternehmungsgeist und Abenteuerlust. Der Atlantik ist ein Lethestrom; mit seiner Überquerung hatten wir die Möglichkeit, die Alte Welt und ihre Institutionen zu vergessen. Wenn das diesmal nicht gelingt, bleibt uns, bevor wir an den Ufern des Styx anlangen, als weitere Chance der Lethe des Pazifiks, der dreimal so breit ist.

Ich weiß nicht, wie bedeutsam es ist oder inwiefern es noch als Beweis seiner Einzigartigkeit gelten kann, wenn sich ein einzelner Mensch mit seiner kleinsten Wanderung in Übereinstimmung mit der allgemeinen Bewegung der Menschheit sieht. Doch ich weiß, dass etwas Ähnliches wie der Wandertrieb bei Vögeln und Vierbeinern in einigen Fällen auch die Eichhörnchen erfasst, sodass sie in eine rätselhafte Aufbruchsstimmung geraten und, wie beobachtet wurde, selbst den breitesten Fluss überqueren, indem sie auf Holzstücken erhobenen Schwanzes dahinsegeln und die kleineren Bäche mit ihren Toten überbrücken –, oder etwas wie der *furor*, der im Frühjahr das Vieh befällt und der auf eine Wurmkrankheit des Schwanzes zurückgeführt wird, der sich, zeitweilig oder dauerhaft, auf Nationen wie auf Individuen überträgt. Eine einzige Schar schnatternder Wildgänse, die über unsere Stadt hinwegrauscht, lässt den Wert der betrof-

fenen Grundstücke erheblich sinken; als Makler
müsste ich diese Belästigung ins Kalkül ziehen:

*Dann drängt es das Volk, auf Wallfahrt zu
gehn,*
Und Pilger zieht es zu fernen Stränden.

[Geoffrey Chaucer]

Jeder Sonnenuntergang, dessen Zeuge ich bin,
lässt in mir die Sehnsucht aufkommen, in einen
Westen zu wandern, der so fern und so schön ist wie
der, in welchem die Sonne niedersinkt. Sie scheint
täglich westwärts zu wandern und lockt uns, ihr zu
folgen. Sie ist die Große Pionierin des Westens, der
die Nationen folgen. Die ganze Nacht träumen wir
von den Gebirgskämmen am Horizont, obwohl es
sich vielleicht nur um Wolkendunst handelt, den
die Sonnenstrahlen vergolden. Die Insel Atlantis
und die Inseln und Gärten der Hesperiden, dieses
Paradieses auf Erden, scheinen der große Westen
der Griechen und Römer gewesen zu sein, ein-
gehüllt in Mysterium und Poesie. Wer hat nicht
schon in seiner Phantasie, wenn er beim Sonnenuntergang den Himmel betrachtet, die Gärten der
Hesperiden und den Ursprung all jener Mythen zu
sehen geglaubt?

Stärker als irgendein anderer fühlte Kolumbus
sich berufen, dem Weststreben nachzugeben; so

entdeckte er eine Neue Welt für Kastilien und León. Damals witterte die Menschenherde den Duft frischer Weidegründe in der Ferne.

»Nachdem sie alle Hügel überschritten,
Sich in die Westbucht fallen ließ die Sonne;
Da ging ER *auf, zerriss den Mantel blau.*
Am Morgen dann der frische Wald, die neue Au.«

[John Milton]

Wo auf dem Erdball findet sich ein Gebiet dieses Ausmaßes, das dem unserer Bundesstaaten gleichkäme, dabei so fruchtbar, so reich, so verschiedenartig in seinen Erzeugnissen, außerdem für Europäer so angenehm zu bewohnen? Michaux, der nur einen Teil davon kannte, sagt, dass »die großen Baumarten in Nordamerika viel zahlreicher sind als in Europa; in den Vereinigten Staaten gibt es mehr als einhundertvierzig Arten, die höher werden als dreißig Fuß. In Frankreich gibt es nur dreißig, die diese Höhe erreichen.« Moderne Botaniker können seine Beobachtungen nur bestätigen. Humboldt kam nach Amerika, um seine Jugendträume von einer tropischen Vegetation wahrzumachen, und er erblickte sie in ihrer großartigsten Vollendung in den urzeitlichen Wäldern des Amazonas, der gigantischsten Wildnis der Erde, die er dann so wortgewaltig beschrieben hat. Der Geograph Guyot, selbst ein Europäer, geht noch weiter – weiter, als ich bereit bin, ihm zu folgen; jedoch nicht, wenn er sagt: »Wie die Pflanze für das Tier geschaffen ist, die Pflanzenwelt für die Tierwelt, so ist Amerika für den Menschen der Alten Welt vorgesehen ... Der Mensch der Alten Welt macht sich auf den Weg. Er verlässt die Hochländer Asiens und steigt, Stadium für Stadium, hinab in Richtung Europa. Jeder seiner Schritte ist gekennzeichnet durch eine neue Zivilisation, die der vorangegangenen an Entwicklungskraft überlegen ist. Am Atlantik angekommen, hält er am Ufer dieses unbekannten Ozeans, dessen Grenzen er nicht kennt, inne, und für einen Augenblick macht er auf seinen Fußspuren kehrt.« Nachdem er die reiche Erde Europas ausgeschöpft hat, setzt er, gekräftigt, »wie in frühester Zeit seinen abenteuerlichen Weg nach Westen fort«. So weit Guyot.

Mit diesem Westdrang, der zunächst auf die Atlantikbarriere stieß, entwickelten sich Handel und Wirtschaft der Moderne. Der jüngere Michaux sagt in seinen *Reisen westlich der Alleghanies im Jahr 1802*, dass die übliche Frage im neu besiedelten Westen stets lautete: »Aus welchem Teil der Erde stammst du?« Als wären diese weiten und fruchtbaren Regionen von Natur aus der Ort der Begegnung und das gemeinsame Heimatland aller Erdbewohner.

Um ein altes lateinisches Wort zu gebrauchen, könnte ich sagen: *Ex Oriente lux; ex Occidente frux*. Aus dem Osten das Licht, aus dem Westen die Frucht.

Sir Francis Head, englischer Reisender und Generalgouverneur Kanadas, sagt uns, dass »sowohl im Norden als auch im Süden der Neuen Welt die Natur ihre Werke nicht nur in viel größerem Maßstab entworfen, sondern das gesamte Bild auch in glänzenderen, weitaus köstlicheren Farben gemalt hat, als ihr für die Gestaltung und Verschönerung der Alten Welt vonnöten schien ... Das Firmament Amerikas wirkt unendlich höher, der Himmel blauer, die Luft frischer, die Kälte stärker, der Mond sieht größer aus, die Sterne leuchten heller, es blitzt greller, donnert lauter, der Wind weht stürmischer, es regnet heftiger, die Berge sind höher, die Flüsse länger, die Wälder größer, die Ebenen weiter.« Diese Aussage sollte genügen, um Buffons Beschreibung dieses Teils der Welt und seiner Hervorbringungen etwas entgegenzusetzen.

Linné sagte vor langer Zeit: »*Nescio quae facies laeta, glabra plantis Americanis*« (Ich weiß nicht, warum das Aussehen amerikanischer Pflanzen so heiter und sanft ist). Es gibt in diesem Land, glaube ich, keine oder zumindest sehr wenige *Africanae bestiae*, afrikanische Raubtiere, wie sie die Römer nannten, sodass es auch in dieser Beziehung als

Wohnstatt der Menschen besonders geeignet ist. Wir hören, dass keine drei Meilen vom Zentrum der ostindischen Stadt Singapur entfernt jährlich einige Bewohner von Tigern weggeschleppt werden; in Nordamerika dagegen kann der Reisende sich nachts fast überall in den Wäldern niederlegen, ohne sich vor wilden Tieren fürchten zu müssen.

Dieses sind ermutigende Zeugnisse. Wenn der Mond hier größer aussieht als in Europa, so gilt Gleiches wohl auch für die Sonne. Wenn der Himmel Amerikas unendlich höher erscheint und seine Sterne heller, dann vertraue ich darauf, dass diese Tatsachen symbolisch für die Höhe stehen, zu der die Philosophie, Dichtkunst und Religion ihrer Einwohner eines Tages aufsteigen werden. Dann wird dem amerikanischen Geist der geistige Himmel vielleicht um vieles höher erscheinen und das Sternenlicht seiner Erkenntnisse um vieles klarer. Denn ich glaube, dass das Klima auf den Menschen zurückwirkt – so wie etwas in der Bergluft liegt, das den Geist nährt und anregt. Wird der Mensch unter so günstigen Umständen geistig und körperlich nicht zu größerer Vervollkommnung heranreifen? Oder sollte es unwichtig sein, wie viele neblige Tage es in seinem Leben gibt? Ich bin davon überzeugt, dass unsere Phantasie reicher wird, dass unsere Gedanken klarer, frischer und luftiger werden, wie unser Himmel, dass unser Verstehen umfassender und weiträumiger wird, wie unsere Ebenen, dass wir zunehmen werden an Weisheit und Vernunft – der Gewalt unseres Donners, unserer Blitze, der Größe unserer Flüsse, Berge und Wälder angemessen; und unsere Seen ihre Entsprechung finden werden in der Weite, Tiefe und Erhabenheit unserer Herzen. Vielleicht wird der Reisende sogar in unseren Gesichtern etwas von *laeta* und *glabra* wahrnehmen, etwas Heiteres und Gelassenes, ohne dass er es in Worte fassen könnte. Welchem Ende sollte die Erde sonst entgegengehen, welchen Sinn hätte die Entdeckung Amerikas sonst gehabt?

Amerikanern sage ich damit nichts Neues:

> *»Westwärts nimmt der Stern des Reiches seinen Weg.«*
>
> *[George Berkeley]*

Als wahrer Patriot sollte ich mich schämen zu denken, dass es Adam im Paradies im Ganzen besser erging als dem Hinterwäldler in unserem Land.

Unsere Zuneigung gilt hier in Massachusetts nicht allein Neuengland; zwar mögen wir uns dem Süden etwas entfremdet haben, aber für den Westen schlägt unser Herz. Dort liegt die Heimat der Jüngeren, die wie die Skandinavier zur See fuhren, um an ihr Erbe zu gelangen. Es ist zu spät, um He-

bräisch zu lernen; es ist wichtiger, die Umgangs-
sprache von heute zu verstehen.

Vor einigen Monaten habe ich mir ein Panorama-
bild des Rheins angesehen. Es war wie ein Traum
aus dem Mittelalter. In meiner Phantasie, doch es
war mehr als das, trieb ich den alten Strom hinab,
unter Brücken hindurch, erbaut von den Römern
und von späteren Helden erneuert, an Städten
und Burgen vorbei, deren Namen allein Musik
in meinen Ohren waren und von alten Sagen und
Legenden kündeten: Ehrenbreitstein, Rolandseck
und Koblenz – Namen, die ich bisher nur aus der
Geschichte kannte. Hauptsächlich interessierten
mich die Ruinen. Vom Fluss, von den Weinbergen
und aus den Tälern schienen lautlose Melodien
herüberzuschwingen, als stammten sie von Kreuz-
rittern, die zum Heiligen Land aufbrechen. Ich
glitt dahin, verzaubert und entzückt, als wäre ich
ins Heldenzeitalter versetzt worden und atmete die
Atmosphäre des Rittertums.

Wenig später betrachtete ich ein Panorama des
Mississippi, und als ich mich im Licht der Gegenwart den Fluss hinaufarbeitete und die Dampf-
schiffe Brennholz laden sah, die aufstrebenden
Städte zählte, die jungen Ruinen von Nauvoo be-
staunte, den Indianern nachblickte, die gen Westen über den Strom zogen, und so, wie ich zuvor
die Mosel hinaufgeblickt hatte, nun den Ohio und

den Missouri hinaufschaute und die Legenden von Dubuque und Wenona's Cliff hörte – noch immer stärker an die Zukunft denkend als an die Vergangenheit oder die Gegenwart –, da erkannte ich, dass dies ein anderer Rheinstrom war, dass die Grundmauern der Burgen erst noch zu legen und die berühmten Brücken noch über den Fluss zu schlagen waren; und ich spürte, dass *dies das Heldenzeitalter selbst war*, obwohl wir es nicht erkennen, denn Helden sind zumeist die einfachsten und unauffälligsten Menschen.

Der Westen, von dem ich spreche, ist lediglich ein anderer Name für Wildheit. Was ich zum Ausdruck bringen will, ist dies: Das Wilde sichert die Erhaltung der Welt. Jeder Baum schickt seine Wurzelfasern auf die Suche nach dem Wilden. Die Städte bemühen sich um jeden Preis, etwas davon zu bekommen. Ob sie das Land pflügen oder übers Meer segeln, die Menschen suchen danach. Wald und Wildnis verdankt die Menschheit stärkendes Tonikum, schützende Rinde. Unsere Vorfahren waren Wilde. Die Geschichte von Romulus und Remus, die von einer Wölfin gesäugt wurden, ist ja keine belanglose Sage. Jeder Staat, der zu einer gewissen Bedeutung gelangte, kann auf Gründer zurückblicken, die sich aus einer ähnlichen wilden Quelle nährten. Da die Nachfolger im Römischen

Reich nicht mehr von der Wölfin gesäugt wurden, konnten sie von den Kindern aus nördlichen Wäldern, wo dies noch geschah, besiegt und verdrängt werden.

Ich glaube an den Wald, an die Wiese und an die Nacht, in der das Korn wächst. Für unseren Teeaufguss nehmen wir Triebe der Schierlingstanne oder Lebensbaumnadeln. Es besteht ein Unterschied zwischen dem Essen und Trinken, um sich zu stärken, und der bloßen Schlemmerei. Mit Begierde verschlingen die Hottentotten das Mark der Kudus und anderer Antilopen, natürlich roh. Einige unserer Indianer aus dem Norden essen das rohe Mark des arktischen Rentiers, aber auch andere Teile, darunter die Spitzen des Geweihs, solange diese weich sind. Und hierin sind sie Pariser Köchen möglicherweise überlegen. Sie nehmen das, was normalerweise ins Feuer geworfen wird. Das ist wahrscheinlich gesünder als das Fleisch des stallgemästeten Rindviehs oder des Schlachtschweins. Gebt mir eine Wildheit, deren Anblick keine Zivilisation ertragen kann, als lebten wir vom Mark roh verschlungener Kudus.

Es gibt Zwischentäler, die an Gebiete grenzen, wo die Walddrossel singt – wie gerne zöge ich dorthin, wildes Land, in dem sich noch kein Siedler niedergelassen hat, mit dem ich selbst aber vertraut bin.

Der Afrikajäger Cumming berichtet, dass die

Haut von frisch getöteten Elenantilopen, wie auch die der anderen Antilopen, den herrlichsten Duft von Bäumen und Gras verströmt. Gliche doch jeder Mensch der wilden Antilope, wäre doch jeder Mensch so sehr der Natur verbunden, dass der Einzelne unseren Sinnen auf ebenso süße Weise seine Gegenwart anzeigte und uns an jene Bereiche der Natur erinnerte, in denen er sich am häufigsten aufhält. Es gibt für mich keinerlei Grund zum Spott, wenn der Mantel eines Trappers nach Bisamratte riecht; für mich ist das ein süßerer Duft als der, der für gewöhnlich von der Kleidung eines Händlers oder eines Gelehrten ausgeht. Wenn ich ihre Schränke öffne und ihre Kleidungsstücke in die Hand nehme, werde ich nicht an Grasebenen und blühende Wiesen erinnert, die sie aufgesucht haben könnten, sondern an staubige Wechselstuben und Bibliotheken.

Eine gebräunte Haut gebietet Achtung, ja Verehrung, und vielleicht ist Olivgrün eine passendere Farbe als Weiß für einen Mann, der in den Wäldern lebt. »Bleicher weißer Mann!«, bedauerten ihn die Afrikaner, was mich nicht wundert. Der Naturforscher Darwin sagt: »Ein Weißer, der neben einem Tahitianer badete, glich einer von gärtnerischer Kunst gebleichten Pflanze, während die andere edel wirkte, dunkelgrün, wie auf freiem Felde kraftvoll gediehen.«

Ben Jonson verkündet:

»Wie nah dem Guten ist das Schöne!«

Ich aber sage:

»Wie nah dem Guten ist das *Wilde*!«

Leben und Wildheit gehören zusammen. Das Lebendigste ist das Wildeste. Seine Gegenwart wirkt auf den Menschen, der es sich noch nicht unterworfen hat, erfrischend. Wenn einer unentwegt vorwärtsstrebte und sich niemals von seinen Mühen ausruhte, rasch erwachsen würde und dann unbegrenzte Forderungen an das Leben stellte, so fände er sich stets wieder in einem neuen Land, in neuer Wildnis, umgeben vom Rohstoff des Lebens. Und kletterte über die Stämme umgestürzter Urwaldbäume.

Hoffnung und Zukunft liegen für mich nicht in Rasenflächen und kultivierten Feldern, nicht in Dörfern und Städten, sondern in den unzugänglichen und glucksenden Sümpfen. Als ich früher einmal eine Farm kaufen wollte und mir meine Absichten klarzumachen versuchte, blieb mir als einzig plausible Erklärung, dass es in einer Ecke des Grundstücks ein paar Quadratmeter undurchdringlichen, unergründlichen Morastes gab, der mich faszinierte: eine natürliche Senke, ein Juwel, der mich blendete. Die Sümpfe, die mein Heimatstädtchen umgeben, haben einen größeren Einfluss auf mein Leben als die gepflegten Gärten im Ort. Meine Augen kennen keine reicheren Blumenrabatten als die dichten Beete der Zwergandromeda (*Cassandra calyculata*), die diese empfindlichen Stellen des Erdbodens bedecken. Die Botanik ist mir nur insoweit nützlich, als sie die Namen der Sträucher nennt, die dort im schwankenden Sumpfmoos wachsen: Hohe Blaubeere, Rispenandromeda, Lorbeerrose, Azalee und Rhodora. Oft denke ich, ich sollte vor mein Haus massenweise mattrote Büsche pflanzen, weg mit all den Blumenkübeln und Rabatten, mit umgepflanzten Fichten, in Form geschnittenen Buchsbäumen, auch die Kieswege gehören abgeschafft; damit ich ein fruchtbares Stück Moor unter meinem Fenster habe statt der in ein paar Schubkarren herbeigeschafften Erde, die doch nur dazu dient, den beim Ausschachten des Kellers aufgeworfenen Sand zu bedecken. Warum nicht mein Haus, meine Wohnstube hinter einem solchen Stück Land errichten statt hinter dieser dürftigen Ansammlung von Kuriositäten, diesem armseligen Ersatz für Natur und Kunst, den ich meinen Vorgarten nenne? Es macht nämlich eine Menge Arbeit, alles einigermaßen ansehnlich hinzubekommen, nachdem Zimmermann und Maurer ihre Arbeit getan haben, und das alles nicht nur für den Hausbewohner, sondern auch für den Passanten! Selbst der geschmackvollste Vorgartenzaun konnte mich bisher nicht veranlassen, ihm längere Überlegungen zu widmen. Wie bald langweilten mich die kunstvollen Ornamente, die eichelförmigen Lattenspitzen oder welch toller Plunder auch immer – ja, ich fand ihn einfach nur abscheulich. Richtet es so ein, dass eure Türschwellen am Rande des Sumpfes liegen; es wird zwar nicht unbedingt einen trockenen Keller zur Folge haben, aber von dieser Seite bleiben euch die Bürger weg! In Vorgärten geht man nicht herum, allenfalls geht man durch sie hindurch; wer ins Haus will, kann ja die Hintertür benutzen.

Auch auf die Gefahr hin, dass ihr mich für verrückt haltet: Wenn man mich vor die Wahl stellte, neben dem schönsten Garten zu wohnen, den menschliche Kunst je hervorgebracht hat, oder aber bei einem schaurigen Sumpf, so entschiede ich mich ohne Zögern für den Sumpf. Wie sehr ihr euch auch um mich bemüht habt, Bürger: vergebens!

Je öder die Landschaft, desto mehr steigt mein Lebensmut. Gebt mir den Ozean, die Wüste oder die Wildnis! In der Wüste fehlen zwar Gewächse und Feuchtigkeit; sie entschädigt dafür aber mit reiner Luft und dem Alleinsein. Dazu äußert sich der Reisende Burton: »Die *Moral* bessert sich; du wirst offen und herzlich, gastfreundlich und aufrichtig ... In der Wüste rufen geistige Getränke nur Widerwillen hervor. Rein animalisch zu leben dagegen verschafft große Freude.« Reisende, die lange durch die tatarische Steppe gezogen sind, berichten: »Als wir wieder in besiedelte Gebiete kamen, ergriff uns eine entsetzliche Beklemmung, die Luft schien uns wegzubleiben, jeden Augenblick dachten wir zu ersticken, so sehr bedrückten uns die Hetze und die chaotische Unruhe der Zivilisation.« Wenn ich wieder zu Kräften kommen will, suche ich den dunkelsten Wald auf, den schier endlosen und dichtesten, oder die Sümpfe, die dem Bürger am düstersten erscheinen. Ein Sumpfgebiet betrete ich wie einen geweihten Ort, ein *sanctum sanctorum*. Dort ist die Kraft, das Mark der Natur. Wildwuchs bedeckt die jungfräuliche Erde, ein Boden, der für Menschen so gut ist wie für Bäume. Damit ein Mensch gesund bleibt, bedarf er des Ausblicks auf so viele Morgen Wiese, wie seine Felder Ladungen von Dung benötigen. Dort sind die kräftigen Speisen, von denen er sich ernährt. Wenn eine Stadt überlebt, verdankt sie es nicht allein den ehrlichen Menschen, die in ihr wohnen, sondern ebenso den Wäldern und Sümpfen um sie herum. Eine Gemeinde, vor deren Toren ein urwüchsiger Wald sich erhebt und unter welchem ein anderer urwüchsiger Wald dahinmodert – eine solche

Stadt bringt nicht nur Korn und Kartoffeln hervor, sondern auch Dichter und Denker für kommende Zeiten. Auf solchem Boden wuchsen Homer, Konfuzius und all die anderen heran, solcher Wildnis entstammt der Erneuerer, der Heuschrecken isst und wilden Honig.

Wilde Tiere vor dem Aussterben zu bewahren bedeutet im Allgemeinen, einen Wald für sie zu schaffen, wo sie leben und Zuflucht suchen können. Genauso ist es beim Menschen. Vor hundert Jahren verkaufte man auf unseren Straßen Baumrinde, abgeschält in unseren eigenen Wäldern. Jene starken Urbäume bargen eine derart gerbende Kraft, dass der bloße Anblick der Rinde genügte, die Gedanken der Menschen zu härten und zu festigen. Ach! Verglichen damit graut es mir vor der degenerierten Gegenwart meiner Heimatstadt, wo man kaum mehr eine Fuhre dicker Baumrinde zusammenbekommt und auch Teer und Terpentin nicht mehr hergestellt werden.

Urwüchsige Wälder, die langsam vermoderten, haben das Überleben zivilisierter Nationen – Griechenland, Rom, England – gesichert. Sie bestehen weiter, solange der Erdboden nicht völlig ausgebeutet ist. Wehe aber der menschlichen Kultur! Wenig ist von einer Nation zu erhoffen, deren pflanzliche Moderreserven erschöpft sind, die gezwungen ist, ihren Dünger aus den Knochen der

Väter herzustellen. Dann zehrt der Dichter nur noch von seinem Fettpolster, und auch der Denker greift zurück auf das Mark seiner Knochen.

Es heißt, die Aufgabe des Amerikaners sei es, den »jungfräulichen Boden zu bearbeiten«; auch nehme »die Landwirtschaft hier bereits Ausmaße an, die anderswo unbekannt« seien. Ich glaube, dass der Farmer den Indianer deshalb verdrängt, weil er das Grünland aus seinem Urzustand erlöst und sich selbst dadurch stärker und in mancher Hinsicht natürlicher macht. Neulich habe ich für einen Mann eine schnurgerade Linie von einhundertzweiunddreißig Ruten vermessen, die mitten durch einen Sumpf ging, wo am Eingang die Worte hätten stehen können, die Dante über der Eingangspforte zur Hölle las: »Lasst alle Hoffnung fahren, wenn ihr hier hereinkommt« – die Hoffnung nämlich, jemals wieder herauszukommen. Einmal sah ich meinen Auftraggeber, wie er bis zum Hals in seinem Besitz steckte und um sein Leben schwimmen musste; dabei war es noch Winter. Ein weiteres, ähnliches Sumpfgebiet, das ihm gehörte, konnte ich unmöglich vermessen, denn es lag vollständig unter Wasser. Trotzdem sagte mir der Besitzer angesichts eines dritten Sumpfes, dessen Ausdehnung ich nur aus einiger Entfernung zu schätzen vermochte, dass seine innerste Überzeugung es ihm verbiete, dieses urschlammreiche Gebiet zu verkaufen, zu welchem Preis auch immer. Vielmehr beabsichtigte er, innerhalb von vierzig Monaten einen Gürtelgraben rund um das Ganze zu ziehen und es so durch die Zauberkraft seines Spatens zu erlösen. Ich erwähne ihn nur als einen typischen Vertreter der Leute seines Schlages.

Die Waffen, mit deren Hilfe wir die bedeutendsten Siege errungen haben und die der Vater dem Sohn als Erbstück weiterreichen sollte, sind nicht das Schwert und die Lanze, sondern Buschmesser, Torfstecher, Spaten und Hacke, rostig vom Blut der vielen Wiesen, verdreckt vom Staub der harten Arbeit auf den Feldern. Starke Winde bliesen das Maisfeld des Indianers ins Grasland und wiesen einen Weg, dem er nicht zu folgen vermochte. Für das Umgraben seines Landes hatte er nichts Besseres zur Verfügung als eine Muschelschale. Dagegen ist der Farmer mit Pflug und Spaten bewaffnet.

Was uns an der Literatur fasziniert, ist das Wilde. Das Zahme kann nur als Synonym für dumpfe Langweiligkeit gelten. Das unzivilisierte, freie, wilde Denken, das uns begeistert, lernen wir nicht in der Schule, sondern im *Hamlet*, in der *Ilias*, in allen heiligen Schriften und Mythologien. Wie die Wildente schöner und schneller ist als ihre zahme Verwandte, so auch, der Stockente gleich, der wilde Gedanke, wenn er im fallenden Tau über den Mooren dahinschwingt. Ein wirklich gutes Buch ist etwas so Natürliches, Unerwartetes, unerklärlich Schönes und Vollkommenes wie eine Wildblume, die in den Prärien des Westens oder den Dschungeln des Ostens entdeckt wird. Genie ist das Licht, das die Dunkelheit sichtbar macht: ein Blitzstrahl, der den Tempel des Wissens einstürzen lässt – und keine dünne Wachskerze, die, am Herd des Menschen entzündet, vor dem gewöhnlichen Tageslicht verblasst.

Die englische Literatur, von den Minnesängern bis zu den »Lake Poets« – Chaucer, Spenser und Milton, selbst Shakespeare –, lässt den frischen Atem wilder Urzeiten vermissen. Es ist dem Wesen nach zahme, zivilisierte Literatur, die Griechenland und Rom widerspiegelt. Ihre Wildnis ist ein grüner Wald, ihr wilder Mann ein Robin Hood. Großartige Belege der Liebe zur Natur gibt es darin in Fülle, aber die Natur selbst kommt selten genug vor. Aus ihren Chroniken erfahren wir zwar, wann die wilden Tiere ausgestorben sind, nicht aber, wann es die letzten wilden Menschen gegeben hat.

Die Wissenschaft eines Humboldt ist eine Sache, eine andere ist die Dichtkunst. Der Dichter genießt heute, ungeachtet aller wissenschaftlichen Entdeckungen, aller angesammelten Kenntnisse der Menschheit, keine Vorteile gegenüber Homer.

Wo ist die Literatur, die der Natur Ausdruck verleiht? Das wäre ein Dichter, der Winde und Ströme sich untertan machen könnte, damit sie für ihn sprächen; der Worte auf ihren ursprünglichen Sinn festnagelte, wie die Farmer Pfähle in den Frühlingsboden treiben, die der Frost angehoben hat; der die Bedeutung der Wörter zurückverfolgte, sooft er sie benutzt, um sie dann mit der Erde, die an ihren Wurzeln haftet, in sein Schriftstück zu verpflanzen; dessen Worte so wahr, frisch und natürlich wären, dass sie aufsprängen wie die Knospen beim Nahen des Frühlings, obgleich sie halb erstickt zwischen zwei modrigen Blättern in einer Bibliothek liegen – ja, als erblühten sie in geheimer Harmonie mit der äußeren Natur und trügen Jahr für Jahr zum Wohle des getreuen Lesers ihre je eigenen Früchte.

Mir ist kein einziges poetisches Werk bekannt, das die Sehnsucht nach dem Wilden angemessen ausdrückt. Von dieser Seite betrachtet, ist die beste Poesie zahm. Wo könnte ich, ob in alter oder neuer Literatur, eine mich zufriedenstellende Beschreibung jener Natur finden, mit der ich vertraut bin? Nun, ich fordere da etwas, was weder das Augusteische noch das Elisabethanische Zeitalter, kurz gesagt gar keine *Kultur* geben kann. Die Mythologie kommt dem aber näher als alles andere. Wie viel fruchtbarer ist die Natur, in der die griechische Mythologie wurzelt, als dies bei der englischen Literatur der Fall ist! Die Mythologie ist die Frucht, welche die Alte Welt hervorgebracht hat, bevor ihre Erde erschöpft war, bevor der Mehltau ihre Phantasie und Vorstellungskraft zerfraß: und noch immer trägt sie dort gute Früchte, wo ihre ursprüngliche Kraft andauert. Alle anderen Literaturen verharren nur wie die Ulmen, die unsere Häuser überschatten; die Mythologie aber, ähnlich dem großen Drachenbaum der Western Isles, ist so alt wie die Menschheit und wird, solange diese existiert, ebenso fortbestehen, denn der Niedergang anderer Literaturen erzeugt den Boden, auf dem sie gedeiht.

Der Westen schickt sich an, seine Fabeln denen des Ostens hinzuzufügen. Die Täler des Ganges, des Nils und des Rheins haben ihre Ernte eingebracht, nun bleibt abzuwarten, was die Täler des Amazonas, des Rio de la Plata, des Orinoco, des Sankt-Lorenz-Stroms und des Mississippi hervorbringen werden. Wenn im Laufe der Jahrhunderte die amerikanische Freiheit eine Erzählung aus der Vergangenheit geworden sein wird, wie sie in gewissem Maße eine Fiktion der Gegenwart ist, werden sich die Dichter der Welt vielleicht von der amerikanischen Mythologie inspirieren lassen.

Auch wenn die wildesten Träume wilder Menschen nicht immer englischer und amerikanischer Vernünftigkeit entsprechen, sind sie deswegen nicht weniger wahr. Der gesunde Menschenverstand hat die Wahrheit keineswegs gepachtet. In der Natur haben die wilde Klematis wie auch der Kohl ihren Platz. Manchmal wollen Wahrheitsäußerungen an etwas erinnern, manchmal sind sie bloß *vernünftig*, wie gesagt wird, wieder andere sind prophetisch. Es gibt sogar Krankheitsformen, die auf bestimmte Gesundungsentwicklungen hindeuten. Geologen haben herausgefunden, dass Wappenfiguren wie Schlange, Greifvögel, fliegende Drachen und anderer phantasievoller Schmuck Urbilder fossiler Arten sind, die, lange bevor der Mensch geschaffen wurde, ausgestorben waren und über die Zeiten hinweg »auf eine schwache und schemenhafte Kenntnis von früheren Stadien organischen Lebens verweisen«. Den Hindus war die Vorstellung eigen, die Erde ruhe auf einem Elefanten, der Elefant wiederum auf einer Schildkröte und die Schildkröte auf einer Schlange; und obwohl es eine unbedeutende Übereinstimmung sein mag, wird dies hier nicht der falsche Ort sein festzustellen, dass kürzlich in Asien das Fossil einer Schildkröte gefunden wurde, die groß genug war, einen Elefanten zu tragen. Ich gestehe, dass ich für wildes Phantasieren dieser Art, das über die Ordnungen von Zeiten und Evolutionen hinausgeht, eine Vorliebe habe. Dies ist eine erhabene Erquickung des Geistes. Das Rebhuhn liebt Erbsen, aber nicht die, die mit ihm in den Kochtopf wandern.

Kurz gesagt, alle guten Dinge sind wild und frei.

Es liegt etwas im Wesen der Musik, ob sie nun von einem Instrument oder von der menschlichen Stimme erzeugt wird – man denke zum Beispiel an den Klang des Waldhorns in einer Sommernacht –, das mich in seiner Wildheit, und das meine ich nicht ironisch, an die Schreie wilder Tiere in ihren Heimatwäldern gemahnt. Hierin liegt so viel von ihrer Wildheit, wie ich verstehen kann. Lasst meine Freunde und Nachbarn wilde Menschen sein, nicht zahme Leute! Die Wildheit des Wilden ist nur ein schwaches Symbol für die schreckliche Wildheit, mit der sich gute Menschen und Liebende begegnen.

Auch sehe ich es gern, wenn domestizierte Tiere ihre angeborenen Rechte wieder geltend machen: ein kleiner Beweis dafür, dass sie ihre ursprüngliche, wilde Verhaltensweise und Kraft noch nicht gänzlich eingebüßt haben; wenn zum Beispiel die Kuh meines Nachbarn zu Beginn des Frühlings aus ihrer Weide ausbricht und kühn den Fluss durchschwimmt, ein kaltes, graues, etwa fünfundzwanzig bis dreißig Ruten breites Gewässer, das durch die Schneeschmelze angeschwollen ist. Und dann der Büffel, der den Mississippi durchquert: diese Heldentat verleiht in meinen Augen der ohnehin eindrucksvollen Herde zusätzlich Würde. Selbst unter dem dicken Fell der Rinder und Pferde bleibt die Saat des Instinkts erhalten wie das Samenkorn im Erdboden, auf unbestimmte Zeit.

Bei Rindern erwartet man eigentlich keine Verspieltheit. Eines Tages aber sah ich etwa ein Dutzend Ochsen und Kühe lustig durcheinanderlaufen und schwerfällig herumhüpfen wie riesige Ratten oder auch Katzen. Sie schüttelten ihre Köpfe, erhoben ihre Schwänze und stürmten den Hügel hinauf und hinunter, und nicht nur ihre Hörner, nein, ihre ganzen Bewegungen ließen mich ihre Verwandtschaft zum Rotwild erkennen. Aber ach! Ein plötzliches lautes *Brr!* hätte ihr ungestümes Spiel sogleich gedämpft und sie auf der Stelle zurückverwandelt vom Wild zum Rindvieh, dessen Flanken und Sehnen sich versteifen wie bei einer Lokomotive. Wer anders als der Böse kann den Menschen so unnatürliche Laute wie »Brr!« beigebracht haben? In der Tat, nicht nur das Leben des Viehs, sondern auch das des Menschen hat etwas Lokomotivenartiges an sich. Beide setzen ihre Gelenke mechanisch in Gang, und mit seinen Maschinen hat sich der Mensch Pferd und Ochs auf halbem Wege angenähert. Welchen Teil auch immer die Peitsche berührt hat, er ist von nun an gelähmt. Wer käme auf die Idee, bei auch nur einem Vertreter aus der geschmeidigen Katzenfamilie von einer Flanke zu sprechen, wie wir das beim Rindvieh tun?

Es freut mich, dass Pferde und Stiere zunächst gezähmt werden müssen, bevor man sie zu Sklaven des Menschen machen kann; und dass selbst die

Menschen noch etwas wilden Hafer zum Aussäen übrighaben, bevor sie zu gehorsamen Gliedern der Gesellschaft werden. Kein Zweifel, nicht alle Menschen taugen gleich gut als Untertanen; und obwohl die meisten, wie auch Hunde und Schafe, ihrer Veranlagung gemäß bereits zahm zur Welt kommen, ist dies kein Grund, auch die übrigen in ihrer Eigenart zu brechen und sie auf das Einheitsmaß der Mehrheit zu erniedrigen. Im Großen und Ganzen sind die Menschen gleich, und doch hat jeder einzelne, um der Vielfalt willen, seine Besonderheit. Wenn eine Aufgabe von geringerer Bedeutung erledigt werden soll, so tut dies der eine Mensch mehr oder weniger so gut wie der andere; bei höheren Anforderungen ist die individuelle Leistungsfähigkeit zu berücksichtigen. Ein jeder vermag ein Loch zu stopfen, um den Wind abzuhalten, aber kein anderer verfügt über die so seltene Begabung wie der Autor dieses Bildes. Konfuzius sagt: »Die gegerbte Haut des Tigers oder des Leoparden ist die gleiche wie die Haut von Hund oder Schaf, wenn sie gegerbt wurde.« Aber es ist nicht die Aufgabe echter Kultur, Tiger zu zähmen, wie es auch nicht ihre Aufgabe ist, Schafe verwildern zu lassen. Und der beste Nutzen, dem sie dienen können, ist bestimmt nicht der, aus ihren gegerbten Häuten Schuhe herzustellen.

Wenn ich mir die Namen einer Reihe von Männern fremder Sprache ansehe, zum Bespiel von Offizieren oder von Schriftstellern, die etwas zu einem bestimmten Thema geschrieben haben, werde ich wieder einmal daran erinnert, dass der Name selbst gar nichts besagt. Der Name Menschikoff beispielsweise hat für meine Ohren nichts Menschlicheres an sich als ein Schnurrbart, und der könnte auch einer Ratte gehören. Wie die Namen von Polen und Russen auf uns wirken, so wirken unsere auf sie. Sie hören sich an, als wären es Kinderreime: *sibeti bibeti bonchen battchen, sibeti bibeti buff.* Vor meinem geistigen Auge sehe ich eine Herde wilder Geschöpfe, die über die Erde ausschwärmen, und jedem hat der Hirte irgendeinen barbarischen Laut in seiner eigenen Mundart zugewiesen. Die Namen der Menschen sind dabei natürlich so simpel und bedeutungslos wie etwa die Hundenamen »Bose« und »Tray«.

Philosophisch wäre es wohl von Vorteil, wenn die Menschen lediglich nach dem benannt würden, was allgemein von ihnen bekannt ist. Es würde genügen, das Geschlecht zu kennen, vielleicht noch Rasse und Stamm, um von den einzelnen etwas zu wissen. Wir sind ja auch nicht bereit zu glauben, dass jeder einfache Soldat im römischen Heer einen eigenen Namen trug, weil wir ihm gar keinen individuellen Charakter zugestehen.

Spitznamen sind gegenwärtig unsere einzigen echten Namen. Ich kannte einen Jungen, der seiner besonderen Kraft wegen von seinen Spielkameraden »Buster« genannt wurde – ein treffender Ersatz für seinen Taufnamen. Einige Reisende berichten uns, dass einem Indianer zunächst kein Name gegeben wurde, er musste ihn sich erst verdienen, sein Name war seine Auszeichnung, und bei einigen Stämmen erhielt er mit jeder neuen Heldentat einen neuen Namen. Wie jämmerlich, wenn jemand aus Bequemlichkeit irgendeinen Namen trägt, obwohl er sich weder einen Namen noch einen Ruf erworben hat.

Ich akzeptiere es einfach nicht, dass bloße Namen zu Unterscheidungen zwischen Menschen führen, sondern ich nehme die Menschen weiterhin als Herden wahr. So vertraut mir auch ein Name ist, sein Träger ist mir deswegen nicht weniger fremd. Vielleicht gehört er ja einem Wilden, der seinen eigentlichen Urnamen, den er sich in den Wäldern erworben hat, verborgen hält. In jedem von uns steckt ein ungebändigter Wilder, und irgendwo wird auch unser wahrer Wildname niedergeschrieben sein. Ich sehe, dass mein Nachbar, der schlicht William oder Edwin heißt, seinen Vornamen mit der Jacke ablegt. Er gehört nicht eigentlich zu ihm, wenn er schläft oder verärgert ist, wenn die Leidenschaft oder spontane Einfälle von ihm Besitz ergreifen. Mir ist dann, als riefe mir jemand aus seiner Verwandtschaft seinen ursprünglichen wilden Namen zu, in einer teils zungenbrecherischen, teils melodiösen Sprache.

Die Natur: unsere riesige, wilde, brüllende Mutter, die da ist allüberall, von solcher Schönheit, mit solcher Liebe für ihre Kinder wie die Leopardin; und doch werden wir so schnell von ihrer Brust entwöhnt, um gesellschaftsfähig zu werden, um einer Kultur anzugehören, die nichts weiter darstellt als eine Interaktion zwischen Menschen, eine Art fortgesetzter Inzucht, die als Höchstleistung den englischen Adel hervorbringt, eine Zivilisation, vorherbestimmt für ein rasches Ende.

In der Gesellschaft, in ihren besten Einrichtungen lässt sich bei jungen Menschen leicht eine gewisse Frühreife entdecken. Wenn wir noch heranwachsende Kinder sein sollten, sind wir bereits kleine Erwachsene. Gebt mir eine Kultur, die immer wieder den Schlamm von den Sumpfwiesen und Feldern holt, um den Boden anzureichern, verschont mich mit einer Kultur, die allein auf Hitzedüngemittel, verbesserte Geräte und rationellere Anbaumethoden vertraut.

So mancher bedauernswerte Student mit geröteten Augen, von dem ich gehört habe, würde schneller an körperlicher und geistiger Reife zu-

nehmen, wenn er, anstatt abends lange aufzublei-
ben, sich die Narrenfreiheit nähme, früh schlafen
zu gehen.

Es könnte gar ein Übermaß an erhellendem Licht
geben. Der Franzose Niépce entdeckte die »Akti-
nität«, jene Kraft in den Sonnenstrahlen, die einen
chemischen Effekt hat: dass nämlich Granitblöcke,
Steinbauten und Metallstatuen »zerstörerisch vom
Sonnenschein angegriffen werden und, der feinsten
Berührung von Wirkkräften des Universums ausgesetzt, bald dem Untergang geweiht wären, wenn
nicht die Natur ein wundervolles Gegenmittel
geschaffen hätte«. Und er fand heraus, dass »jene
Körper, die bei Tageslicht einer solchen Veränderung unterliegen, die Kraft besitzen, ihre ursprüngliche Beschaffenheit während der Nachtstunden,
wenn die Sonnenreize sie nicht mehr beeinflussen,
wiederherzustellen«. Daraus folgerte er, dass »die
Stunden der Dunkelheit genauso notwendig für
die anorganische Schöpfung sind wie Nacht und
Schlaf für den organischen Bereich«. Selbst der
Mond scheint nicht jede Nacht, sondern macht der
Dunkelheit Platz.

Der Gedanke ist mir zuwider, dass jeder Mensch,
jeder Teil des Menschen kultiviert sein müsste, wie
ich es auch nicht ertragen könnte, wenn jeglicher
Hektar Erde kultiviert wäre: Ein Teil mag Acker-
land sein, aber der größere Teil sollte Wiesen und

Wäldern vorbehalten bleiben und keinem unmittelbaren Zweck dienen, sondern durch die jährliche Verwesung der Vegetation, die er trägt, für fernere Zeiten den Humus bilden.

Für ein Kind gibt es noch andere Buchstaben zu erlernen als jene, die Kadmos erfand. Die Spanier haben eine gute Bezeichnung für dieses wilde und dunkle Wissen: *gramática parda*, gelbbraune Grammatik, abgeleitet von derselben Leopardin, die ich bereits erwähnt habe.

Wir haben von einer »Gesellschaft zur Verbreitung nützlichen Wissens« gehört. Es wird gesagt, dass Wissen Macht bedeutet und dergleichen mehr. Mir scheint, dass ein ebensolcher Bedarf für eine »Gesellschaft zur Verbreitung nützlicher Unwissenheit« besteht, die wir »Wundervolles Wissen« nennen wollen, ein Wissen, das in einem höheren Sinne nützlich ist, denn das meiste unseres sogenannten Wissens, dessen wir uns rühmen, ist nichts anderes als die Einbildung, etwas zu wissen, sodass wir uns des Vorteils unserer tatsächlichen Unwissenheit berauben. Das, was wir Wissen nennen, ist oft unsere positive Unwissenheit, Unwissenheit aber unser negatives Wissen. Über lange Jahre des geduldigen Fleißes und der Lektüre von Zeitschriften – denn stellen die wissenschaftlichen Bibliotheken etwas anderes dar als Zeitschriftenarchive? – sammelt der Mensch eine Myriade von Fakten an, speichert sie in seinem Gedächtnis, und wenn er dann eines Frühlingstages seines Lebens in die weiten Felder des Nachdenkens hineinschlendert, geht er, könnte man sagen, zum Grasen auf die Weide wie ein Pferd und lässt sein Geschirr im Stall zurück. Der »Gesellschaft zur Verbreitung nützlichen Wissens« würde ich manchmal gern sagen: »Geht auf die Weide. Ihr habt lange genug Heu gefressen. Der Frühling ist da mit seinen grünen Halmen.« Selbst die Kühe werden vor Ende Mai auf die Weiden getrieben, obwohl ich von einem unnatürlichen Bauern gehört habe, der seine Kuh im Stall behielt und das ganze Jahr hindurch mit Heu fütterte. So behandelt die »Gesellschaft zur Verbreitung nützlichen Wissens« häufig ihr Vieh.

Die Unwissenheit eines Menschen ist manchmal nicht nur nützlich, sondern sogar schön, während sein sogenanntes Wissen oft mehr als nutzlos ist, und außerdem hässlich. Mit welchem Menschen hat man es lieber zu tun – mit dem, der nichts zu einem Thema zu sagen hat und, was äußerst selten ist, weiß, dass er nichts weiß, oder mit dem, der darüber einiges weiß und glaubt, er wisse alles?

Mein Verlangen nach Wissen setzt zeitweilig aus, dagegen habe ich ein fortwährendes, dauerhaftes Verlangen danach, meinen Kopf in Atmosphären zu baden, die meinen Füßen unbekannt sind. Das Höchste, was wir erreichen können, ist nicht Wissen, sondern Einklang, verbunden mit Einsicht. Ich weiß nicht, ob sich aus diesem höheren Wissen etwas Bestimmteres ergeben wird als die neue, große Überraschung, die plötzliche Offenbarung, wie unzulänglich all das ist, was wir zuvor Wissen nannten, die Entdeckung, dass es zwischen Himmel und Erde mehr Dinge gibt, als unsere Schulweisheit sich träumen lässt. Es ist, wie wenn das Sonnenlicht den Nebel erhellt. Mehr kann ein Mensch in einem höheren Sinne nicht wissen, ebenso wenig wie er heiter und ungestraft in das Antlitz der Sonne schauen kann: Ὅς τὶ νοῶν, οὐ κεῖνον νοήσεις, – »Du wirst dies nicht so erkennen, wie du irgendein Ding erkennst«, sagt das Chaldäische Orakel.

Es liegt etwas Unterwürfiges in der Angewohnheit, nach einem Gesetz zu suchen, dem wir gehorchen können. Wir mögen zwar nach Belieben die Gesetze der Materie zu unserem Nutzen studieren, aber ein erfolgreiches Leben kennt kein Gesetz. Gewiss, es ist eine unglückselige Erkenntnis, dass es ein Gesetz gibt, das uns bindet, während wir bisher nicht wussten, dass wir gebunden waren. Lebe frei, Kind des Nebels – und in den Grenzen der Wissenschaft sind wir alle Kinder des Nebels. Der Mensch, der sich die Freiheit nimmt zu leben, ist dank seiner Verbindung zum Gesetzgeber über alle Gesetze erhaben. »Wahre Pflichterfüllung bedeutet«, sagt das Vishnu Purana, »unsere Zwänge nicht zu vermehren; das ist Wissen, was unserer Befreiung dient; alle übrigen Pflichten führen nur zu Ermüdung; alles andere Wissen ist nur die Geschicklichkeit eines Artisten.«

Es ist auffällig, wie wenige umwälzende Ereignisse oder Krisen es in unseren Lebensgeschichten gibt, wie wenig geübt unsere Geisteskräfte sind, wie wenige neue Erfahrungen wir gemacht haben. Zu gern hätte ich die Gewissheit, zügig und üppig zu wachsen, auch wenn mein Wachstum diesen dumpfen Gleichmut störte – und wäre es ein Kampf durch lange, dunkle, schwüle Nächte und Zeiten der Düsternis. Es wäre nicht übel, wenn unser ganzes Leben eine göttliche Tragödie wäre anstatt dieser trivialen Komödie oder Posse. Dante, Bunyan und andere scheinen in ihren Geisteskräften geübter gewesen zu sein als wir. Sie hatten es mit einer Art von Kultur zu tun, von der es an unseren Distriktschulen und Colleges überhaupt keine Vorstellung gibt. Selbst Mohammed – auch wenn viele bei seinem Namen aufschreien werden – hatte sehr viel mehr, wofür es sich zu leben und, ja, zu sterben lohnte, als jene es gemeinhin haben.

Wenn man, selten genug, mit einem Gedanken beschäftigt ist und vielleicht gerade an einer Bahnstrecke entlanggeht, dann ist der Zug, der tatsächlich vorbeifährt, gar nicht zu hören. Aber bald,

einem unerbittlichen Gesetz folgend, geht unser
Leben weiter, und der Zug kehrt zurück.

> *»Sanfte Brise, unbemerkt ziehst du vorbei*
> *und beugst die Disteln um Loira im Sturm,*
> *du Reisende in windigen Tälern,*
> *so schnell meinem Ohr entwichen, warum?«*

> *[Ossian]*

Während fast alle Menschen eine Anziehungskraft
spüren, die sie an die Gesellschaft bindet, werden
nur wenige heftig von der Natur angezogen. In
ihrer Reaktion auf die Natur erscheinen mir die
Menschen größtenteils – ungeachtet ihrer Künste –
niedriger als Tiere. Selten ist ihr Verhältnis zur Natur so schön, wie es bei den Tieren der Fall ist. Wie
wenig Wertschätzung haben wir für die Schönheit
der Landschaft! Uns ist gesagt worden, dass die
Griechen die Welt Κόσμος, also Schönheit oder
Ordnung, nannten, aber wir begreifen nicht recht,
warum sie dies taten, und wir würdigen es höchstens als eine kuriose philologische Gegebenheit.

Was mich betrifft, so fühle ich, dass ich hin-
sichtlich der Natur ein Grenzleben führe: an der
Schwelle zu einer Welt, in die ich nur gelegentliche
und flüchtige Streifzüge unternehme, und mein
Patriotismus, meine Treue gegenüber dem Staat, in
dessen Hoheitsgebiete ich mich zurückzuziehen

scheine, sind die eines Strauchdiebs. Für ein Leben, das ich natürlich nenne, folgte ich liebend gern selbst einem Irrlicht durch Sümpfe und unvorstellbaren Morast; aber kein Mond, kein Glühwürmchen hat mir bisher den Dammweg dorthin gezeigt. Die Natur ist eine Persönlichkeit, so gewaltig, so allumfassend, dass wir bisher keines ihrer wesentlichen Merkmale wahrgenommen haben. Der Wanderer, der durch die vertrauten Felder streift, die sich rings um meine Heimatstadt erstrecken, entdeckt manchmal ein anderes Land, als es in den Grundbüchern ihrer Besitzer beschrieben ist – es ist ihm, als läge es auf einem weit entfernten Feld an den Grenzen des eigentlichen Concord, wo seine Gerichtsbarkeit aufhört und die Vorstellung, die das Wort Concord sonst wecken mag, dort nicht mehr geweckt wird. Diese Farmen, die ich selbst vermessen habe, die Grenzen, die ich ausgewiesen habe, verschwimmen wie im Nebel, kein chemisches Mittel könnte ihnen Festigkeit verleihen, sie schwinden von der Oberfläche des Glases dahin, und schwach tritt das Bild zutage, das der Maler malte. Die Welt, mit der wir im Allgemeinen vertraut sind, hinterlässt keine Spuren, und es wird keinen Gedenktag für sie geben.

Kürzlich machte ich nachmittags einen Gang über Spauldings Farm. Ich sah, wie die untergehende Sonne den gegenüberliegenden stattlichen Kiefernwald erhellte. Ihre goldenen Strahlen liefen durch die Schneisen des Waldes wie durch die Halle eines edlen Anwesens. Ich war beeindruckt; es war, als hätte sich dort in jenem Teil von Concord, der mir unbekannt war, eine altehrwürdige, ganz und gar bewundernswerte, glanzvolle Familie niedergelassen, deren Dienerin die Sonne war und die sich der Gesellschaft des Ortes nicht angeschlossen hatte, wie auch niemand bei ihnen einen Besuch machte. Ich sah, durch den Wald hindurch, ihren Park, ihre Spielwiesen, auf Spauldings Cranberrygelände. Die hochgewachsenen Kiefern dienten ihrem Haus, das der Sicht entzogen war, als Giebel; Bäume wuchsen hindurch. Hörte ich nicht Laute gedämpfter Fröhlichkeit? Sie schienen behaglich auf den Sonnenstrahlen zu ruhen. Sie haben Söhne und Töchter. Es geht ihnen gut. Dass des Farmers Feldweg mitten durch ihre Halle führt, stört sie überhaupt nicht, wie ja auch der Himmel, der sich in einem Teich spiegelt, manchmal dessen schlammigen Grund sehen lässt. Sie haben nie etwas von Spaulding gehört und wissen nicht, dass er ihr Nachbar ist – ich freilich habe ihn pfeifen hören, als er sein Gespann durch das Haus lenkte. Nichts kommt der heiteren Ruhe ihres Lebens gleich. Ihr Wappenzeichen ist einfach eine Flechte. Ich sah es auf die Kiefern und Eichen gemalt. In den Baumwipfeln lag ihr Dachgeschoss. Sie kümmern sich nicht um Politik. Keinerlei Arbeitslärm war zu vernehmen. Ich konnte nicht erkennen, ob sie webten oder spannen. Doch als der Wind sich legte und nichts sonst zu hören war, nahm ich das feinste melodische süße Summen wahr, das man sich vorstellen kann, wie von einem fernen Bienenstock im Mai – es war vielleicht der Klang ihres Denkens. Sie hatten keine nichtigen Gedanken, und niemand außerhalb konnte ihre Arbeit sehen, denn ihre Geschäftigkeit äußerte sich nicht in Knoten und Verdickungen.

Aber es fällt mir schwer, mich an sie zu erinnern. Unwiederbringlich zerrinnen sie vor meinem geistigen Auge, selbst jetzt, während ich darüber spreche und mich bemühe, sie in mein Gedächtnis zurückzurufen und mich zu besinnen. Erst nach langer, ernsthafter Anstrengung, wenn ich meine besten Gedanken wieder beieinanderhabe, sind mir diese Mitbewohner wieder gegenwärtig. Gäbe es solche Familien hier nicht, ich glaube, ich zöge fort aus Concord.

Wir haben uns hier in Neuengland daran gewöhnt zu sagen, dass jedes Jahr immer weniger Tauben zu uns kommen. Unsere Wälder liefern ihnen kein Futter mehr. Ebenso scheint es, dass den Menschen, wenn sie älter werden, von Jahr zu Jahr weniger Gedanken kommen, denn der Hain unseres Geistes ist abgeholzt – verkauft, um nutzlose Flammen des Ehrgeizes zu nähren, oder zur Sägemühle gebracht –, und so ist für sie kaum ein Zweig übrig, um sich darauf niederzulassen. Sie bauen keine Nester mehr und brüten nicht mehr bei uns. Vielleicht, zu einer freundlicheren Jahreszeit, huscht noch ein schwacher Schatten über die Landschaft des Geistes, den die Schwingen eines Gedankens auf seiner Frühlings- oder Herbstwanderung werfen; aber wenn wir dann aufblicken, sind wir unfähig, den Kern des Gedankens wahrzunehmen. Unsere beflügelten Gedanken haben sich in Federvieh verwandelt, das nicht mehr aufzusteigen vermag und nur noch die Größe von Shanghai- oder Cochinchina-Hühnern erreicht. Welch groooßartige Gedanken, welch grooßartige Männer, von denen wir hören!

Wir klammern uns an die Erde – wie selten wir uns erheben! Ich meine, wir sollten etwas mehr an Höhe gewinnen. Wir könnten wenigstens auf einen Baum klettern. Einmal, als ich einen Baum bestieg, bin ich wahrlich auf meine Kosten gekommen. Es war eine große Weymouthskiefer auf der Höhe eines Hügels; und obwohl ich ziemlich viel Harz abbekam, wurde ich gut dafür belohnt, denn ich entdeckte neue Berge am Horizont, die ich zuvor nie gesehen hatte: so viel mehr von Himmel und Erde. Ich hätte noch ewig und drei Tage am Fuße des Baumes herumwandern können, und doch hätte ich sie sicherlich nicht gesehen. Vor allem aber entdeckte ich – es war gegen Ende Juni – um mich herum, und zwar nur an den Spitzen der höchsten Zweige, einige winzige und zarte, kegelförmige rote Blüten: die fruchtbare Blüte der Weymouthskiefer, dem Himmel zugewandt. Ich trug den Wipfelzweig sofort in die Stadt und zeigte ihn den fremden Geschworenen, die durch die Straßen gingen – es war nämlich Gerichtswoche –, außerdem Farmern, Holzhändlern, Baumfällern und Jägern, und nicht einer hatte dergleichen jemals gesehen, und sie waren darüber erstaunt, als wäre ein Stern vom Himmel gefallen. Nennt mir antike Baumeister, die ihr Werk auf den Spitzen der Säulen ebenso schön vollendet hätten wie auf den niedrigeren und besser sichtbaren Teilen! Von Anfang an hat die Natur die winzigen Blüten der Wälder zum Himmel ausgerichtet, hoch über den Köpfen der Menschen, von ihnen unbemerkt. Wir sehen nur die Blumen, die zu unseren Füßen auf den Wiesen wachsen. Seit Urzeiten entfalten die Kiefern jeden Sommer ihre zarten Blüten auf den höchsten Zweigen des Waldes, über den Köpfen der roten wie der weißen Kinder der Natur, doch kaum ein Farmer oder Jäger im Land hat sie jemals gesehen.

Vor allem können wir es uns nicht leisten, nicht in der Gegenwart zu leben. Der ist gesegnet vor allen

Sterblichen, der keinen Augenblick des vergehenden Lebens damit verliert, der Vergangenheit nachzuhängen. Wenn unsere Philosophie nicht jeglichen Hahnenschrei von den Bauernhöfen der Umgebung wahrnimmt, bleibt sie hinter der Zeit zurück. Dieser Laut erinnert uns normalerweise daran, dass wir in unseren geistigen Beschäftigungen und Gewohnheiten rostig werden und veralten. Die Philosophie des Hahns befasst sich mit einer jüngeren Zeit als unsere – ein neueres Testament klingt hier an: das Evangelium des jetzigen Augenblicks. Er ist nicht zurückgeblieben; früh ist er aufgestanden und aufgeblieben; dort zu sein, wo er ist, bedeutet für ihn, zur rechten Zeit am rechten Ort zu sein, im vordersten Rang der Zeit. Auf diese Weise drückt die Natur ihr Wohlbefinden aus: ein überschwängliches Rühmen hinaus in alle Welt, Gesundheit wie von frischen Wassern, ein neuer Musenquell, um diesen jüngsten Augenblick der Zeit zu feiern. Wo er lebt, werden keine Gesetze gegen flüchtige Sklaven erlassen. Wer hat seinen Herrn nicht schon viele Male verraten, seit er diesen Klang zuletzt gehört hat?

Der Vorzug des Gesangs dieses Vogels liegt darin, dass er frei ist von aller Wehleidigkeit. Ein Sänger kann uns leicht zu Tränen rühren oder zum Lachen bringen, aber wo ist der, der in uns die reine Morgenfreude weckt? Höre ich des Sonntags, wenn ich trüben Sinnes auf unseren hölzernen Gehsteigen mit schweren, dumpfen Schritten die schreckliche Stille breche oder vielleicht in einem Trauerhaus Totenwache halte – höre ich dann von fern oder nah einen jungen Hahn krähen, denke ich mir: »Wenigstens einem von uns geht es gut.« Und urplötzlich hellen sich meine Sinne auf.

Eines Tages im letzten November hatten wir einen bemerkenswerten Sonnenuntergang. Ich ging über eine Wiese, wo ein kleiner Bach entsprang, als die Sonne, kurz bevor sie nach einem kalten, grauen Tag unterging, schließlich eine klare Luftschicht am Horizont erreichte, und das sanfteste, leuchtendste Morgensonnenlicht fiel auf das trockene Gras, auf die Baumstämme am gegenüberliegenden Horizont und auf die Blätter der Buscheichen am Hügelhang, während unsere Schatten sich lang über die Wiese ostwärts streckten, als wären wir die einzigen Stäubchen in ihren Strahlen. Nur einen Augenblick vorher hätten wir uns ein solches Licht nicht vorstellen können, und auch die Luft war so warm und heiter, dass nichts fehlte, um diese Wiese in ein Paradies zu verwandeln. Als wir darüber nachdachten, dass dies kein einmaliges Phänomen war, das niemals wiederkehren sollte, sondern wieder und wieder an unzähligen Abenden sich ereignen und selbst das letzte Kind, das dort herliefe, erfreuen und beruhigen würde – da wirkte es auf uns noch herrlicher.

Die Sonne senkt sich über eine brachliegende Wiese, wo kein Haus zu sehen ist, mit aller Pracht und Herrlichkeit, mit der sie auch die Städte überhäuft, und wie sie vielleicht noch niemals untergegangen ist – dort, wo nur ein einsamer Falke sich die Schwingen von ihr vergolden lässt oder eine Bisamratte aus ihrem Bau hervorlugt und inmitten des Sumpflandes ein kleiner, schwarzgeäderter Bach in ersten Mäandern sich langsam um einen verrottenden Baum schlängelt. Wir wanderten in einem so hellen und reinen Licht, welches das welke Gras und die Blätter so sanft und strahlend klar vergoldete, dass ich den Eindruck hatte, noch niemals in solch goldener Flut, die ohne jedes Kräuseln und Murmeln war, gebadet zu haben. Die Westseite jedes Waldes, jedes ansteigenden Hügels glänzte wie die Grenze zum Elysium, und die Sonne in unserem Rücken schien einem sanften Hirten gleich, der uns des Abends nach Hause wies.

So wandern wir zum Heiligen Land, bis die Sonne eines Tages noch heller scheinen wird als je zuvor, vielleicht auch in unsere Sinne und Herzen hinein, und unser ganzes Leben mit einem großen, erweckenden Licht aufleuchten lassen wird, so warm und heiter und golden wie an einem Bachufer im Herbst.

Joseph von Eichendorff

Wanderlied

Vom Grund bis zu den Gipfeln,
So weit man sehen kann,
Jetzt blühts in allen Wipfeln,
Nun geht das Wandern an.

Die Quellen von den Klüften,
Die Ström auf grünem Plan,
Die Lerchen hoch in Lüften,
Der Dichter frisch voran.

Und die im Tal verderben
In trüber Qualme Haft,
Er will sie alle werben
Zu dieser Wanderschaft.

Und von den Bergen nieder
Erschallt sein Lied ins Tal,
Und die zerstreuten Brüder
Fasst Heimweh allzumal.

Da wird die Welt so munter
Und nimmt die Reiseschuh,
Sein Liebchen mitten drunter
Die nickt ihm heimlich zu.

Und über Felsenwände
Und auf dem grünen Plan
Das wirrt und jauchzt ohn Ende –
Nun geht das Wandern an!

Béla Balázs

Wandern

Es gilt da deutlich zu unterscheiden, denn es gibt sehr viele Arten des menschlichen Ortwechsels auf dieser Erde.

Der *Spaziergänger* kommt eigentlich gar nicht in Betracht. Er macht nur Körperbewegung der besseren Verdauung wegen. Und marschiert er auch kilometerweit, so bleibt es doch nur Gymnastik. Weder geht er weg, noch kommt er an. Seine Position in der Welt und sein Verhältnis zu ihr blieb unverändert. Er ist eben zu Hause geblieben.

Der *Tourist*, der einen *Ausflug* macht, der hat, wie dies schon der Name seiner Betätigung besagt, ein Nest, aus dem er ausfliegt, ein Heim, in das er zurückkehrt. Er hat gelegentlich seinen Schwerpunkt verschoben, der ihn nach dem Gesetz des Pendelschlags zum tiefsten Stand der Ruhe zurückführt. Dies gilt nicht nur für seine körperlichen, sondern auch für seine geistigen und Gefühlsexkursionen. Es sind nur Zwischenfälle, und alles bleibt beim Alten.

Reisen heißt so viel wie ein Ziel haben, an dem

man ankommen, eine Absicht haben, die man verwirklichen will. Ob diese Absicht ein Geschäft, wissenschaftliche Erkenntnis, Erholung oder Zerstreuung sei, es bleibt gleich. In jedem Fall ist das Fahren nur ein Verfahren, es ist ein Mittel zum Zweck, der außerhalb des Reisens liegt. Und wäre er anders zu erreichen, kämen etwa die Berge zu ihnen, nie würden diese Globetrotter einen Weg machen. Denn sie kennen ihr Ziel, und ihre Absicht steht schon fest, bevor sie noch ihre Reise antreten. Nichts hat sich geändert. Auf einem Umweg rund um die Erde kommen sie zu ihren unbewegten Wurzeln. Und sie haben nichts verlassen.

Der *Wanderer* ist aber anders. Er hat kein Heim, aus dem er einen Ausflug macht, und auch nicht, wie der Reisende, ein Ziel auf dieser Erde, die darum so schön ist. Gleich fremd sind ihm alle Orte. Er kennt kein Ankommen und kein Erreichen, und nie werden ihm Menschen zur Familie. Doch ist er – um noch einen letzten Unterschied zu machen – kein Vagabund, der herumstreift. Denn wohl hat er keine bestimmte Absicht, aber eine umso deutlichere Sehnsucht, kein Ziel, aber feste Richtung und das Bewusstsein, nicht nur immer weiter zu gehen, sondern auch immer weiter zu kommen.

Hier kommt es gar nicht auf die Strecke an, die man zurücklegt. Es gehen fünfe denselben Weg nebeneinander. Aber wenn fünfe dasselbe tun, so ist es nicht dasselbe. Der eine geht spazieren, der Zweite macht einen Ausflug, der Dritte hat eine Reise unternommen, der Vierte streicht umher und der Fünfte wandert. Sie gehen nebeneinander im gleichen Schritt, an dem dieser Unterschied kaum zu merken ist. Eher noch an den Augen. Denn nicht wie sie über Land gehen, sondern wie sie über Land schauen, das macht es aus. Ihr Verhältnis zur Welt. Nicht verschiedene Gangarten sind das, sondern verschiedene innere Zustände.

Der Wanderer, das ist der geborene Fremdling. Er hat keine Heimat verloren und kann auch keine finden. Denn er ist von Natur fremd, und die Distanz zu jeder möglichen Umgebung ist der Kern seines Wesens.

Diese Distanz bleibt aber immer gleich, und darum ist ihm, im anderen Sinne, keine Gegend fremd und kein Mensch. Denn niemals wächst die Entfernung zwischen ihm und der Welt. Diese Distanz zu allen Dingen und Menschen ist seine Distanz zum Leben überhaupt, und darum geschieht ihm, bei jeder zufälligen Begegnung, immer sein ganzes Schicksal. Er kann die Hand keinem reichen, und doch erlebt er Menschen und Dinge bedeutsamer und tiefer als die andern.

Und vielleicht geschieht dieses auch umgekehrt. Vielleicht bleiben dem Wanderer alle Einzelheiten des Lebens nur darum fremd, weil er in allem, auch im Kleinsten, immer das Ganze erlebt, das Ganze, das sich dem Sterblichen ewig vom Leibe hält. Symbole sind tödlich. Oh, es gibt nichts Traurigeres, als wenn ein Wesen dir das ganze Leben bedeutet. Es hört auf, für sich selbst etwas zu bedeuten.

So sieht der Wanderer auch das Gesicht der Landschaft anders als die Schönheitsschwärmer und die Touristen. An jedem Baum erkennt er die Gebärden der Schöpfung, die doch mit ihm etwas vorhaben muss. Der Wanderer ist ein Symbolist und hat den metaphysischen Verfolgungswahn, indem er jede Landschaft für ein Bilderrätsel ansieht, das ihn meint. Er fühlt den dunklen Blick der Berge auf sich ruhen und fühlt, dass er sein Leben ändern muss. Der Wanderer ist nur auf offener Landstraße zu Hause, er findet seine Ruhe nur im Wechsel. Bewegung und Abenteuer sind seine natürlichen Lebensformen. Besser gesagt: Das Verbleiben, der Anschein, Heim und Herd zu haben, ist für ihn ein seltsames und immer beunruhigendes Abenteuer. Es ist ein Zwischenfall, auch wenn es lange Jahre dauert, und es gibt nichts so Seltsames und Exotisches wie einen trauten Familienkreis, der einen das ganze Leben lang festhält. Denn es gibt auch Wanderer, die nie vom Fleck kommen. Aber sie empfinden den Schein, ein Heim zu haben, als Lüge und Betrug.

Für den Wanderer ist jeder Abschied ein Bekenntnis.

In jeder Ruhe und Beständigkeit ist sein Schwerpunkt verschoben, und wenn er die Straße betritt, so löst sich nur die Spannung eines Missverhältnisses. Er ist nur ehrlich, wenn er treulos ist.

Der Wanderer hat keinen Freund und keine Frau. Er hat nur Geliebte, Kameraden, Weggefährten und Kampfgenossen. Denn er vermag es nicht, eine Kreatur nur um ihrer selbst willen zu lieben. Sie muss die *Richtung* haben, die er selber hat. Und findet er ein Weib, in deren Augen die Ferne leuchtet, wie die silberne Landstraße im Mondschein, ewig voran und unerreichbar, so wird er glücklich sein. Denn seine Liebe besteht aus Sehnsucht und Erinnerung. Der Wanderer kennt keine umgrenzte Insel der Gegenwart. Nur Vergangenheit und Zukunftsmöglichkeit, denn diese haben Richtung. Nur in der Vorahnung und im Abschied werden die Wesen sein Eigen.

Doch niemand hat ein so gutes und treues und ernstes Gedächtnis wie der Wanderer. Er verlässt alles. Er vergisst nichts. Nur, dass Sehnsucht und Erinnerung durcheinandergeraten sind und aufeinander abfärben in seinem Herzen.

Ihr erbgesessenen Bürgersleute und ihr Meister, die ihr euch eine Werkstatt aufgemacht habt, seid freundlich zu dem fahrenden Gesellen, wenn es euch auch unbequem ist, dass man manches von ihm dazulernen muss. Und auch ihr Frauen, ihr sollt euch nicht verstecken, wenn ihr sein Lied auf der Straße hört. Er singt viel, aber niemals ist er lustig. Gewiss: er wird euch ein Leids antun. Aber sein Gesang wird euch im Ohr bleiben und im Herz. Er ist eben ein Geselle, der weiterwandern muss, weil er selbst noch nicht fertig ist. Wie kann er sich binden? Er bleibt ja nicht derselbe. Er kann sein Wort halten. Aber das Wort kann ihn nicht halten. Und löst er auch sein Versprechen ein, so wird es doch ein Betrug. Denn ein anderer wird es sein, der für den Weggewachsenen nun bürgen muss.

Der Wanderer ist einer, der nie fertig ist. Er wird selbst anders und verlässt seine Umgebung, um nicht innerlich im Geheimen treulos zu werden. Damit sein Verhältnis zu den Menschen und Dingen bleibe, muss er gehen. Ihr könnt ihn einwickeln in eure wärmste, weichste Liebe. Er wird sich entwickeln.

Kein Sein hat der Wanderer, nur ein Werden, und seine Seele ist wie das freie Rad, das wankt und fällt, wenn es nicht rollt. Vielleicht sind solche Wanderseelen die Räder, auf denen die Welt, die auch noch lange nicht fertig ist, weiterkommt.

Wilhelm Müller

Wanderschaft

Das Wandern ist des Müllers Lust,
   Das Wandern!
Das muss ein schlechter Müller sein,
Dem niemals fiel das Wandern ein,
   Das Wandern.

Vom Wasser haben wir's gelernt,
   Vom Wasser!
Das hat nicht Rast bei Tag und Nacht,
Ist stets auf Wanderschaft bedacht,
   Das Wasser.

Das sehn wir auch den Rädern ab,
   Den Rädern!
Die gar nicht gerne stille stehn,
Die sich mein Tag nicht müde drehn,
   Die Räder.

Die Steine selbst, so schwer sie sind,
  Die Steine!
Sie tanzen mit den muntern Reihn
Und wollen gar noch schneller sein,
  Die Steine.

O Wandern, Wandern, meine Lust,
  O Wandern!
Herr Meister und Frau Meisterin,
Lasst mich in Frieden weiterziehn
  Und wandern.

Robert Walser

Fußwanderung

Wie war der Mond auf dieser Wanderung schön, und wie blitzten und liebäugelten die guten, zarten Sterne aus dem hohen Himmel auf den stürmischen ungeduldigen Fußgänger herab, der da fleißig weiter und weiter marschierte! War er ein Dichter, der da von dem leuchtenden Tag in den sanften blassen Abend hineinlief? Wie? Oder war es ein Vagabund? Oder war er beides? Gleichviel, gleichviel: Glücklich war er und bestürmt von beunruhigendem Sehnen. Das Sehnen und Suchen, das Niebefriedigtsein und der Durst nach Schönheit trieben ihn vorwärts, und hinter, weit hinter ihm schlummerten die bilderreichen Erinnerungen. Was hinter ihm lag, ging ihm durch den Wanderkopf, und was Unbekanntes vor ihm lag, zog wie Musik durch seine begierige Seele. Die Sonne brannte, und der Himmel war blau, und der blaue weite große Himmel schien sich immer mehr auszudehnen, als werde, was groß sei, immer größer, und was schön sei, immer schöner, und was unaussprechlich sei, immer unermesslicher, unendlicher und unaussprechlicher. Aus golden-dunklen, dämonisch blitzenden Abgründen duftete edle wilde Romantik herauf, und Zaubergärten schienen rechts und links von der Landstraße zu liegen, lockend mit reifen, süßen, schönfarbenen Früchten, lockend mit geheimnisvollen unbeschreiblichen Genüssen, die die Seele schon schmelzen und schwelgen machen im bloßen flüchtig-zuckenden Gedanken. O was war das für ein lustiges, tanzendes Marschieren, und dazu zwitscherten die Vögel, dass das Ohr am Gesang noch lange hing, wenn es von dem Herrlichen schon nichts mehr hörte, dass das Herz meinte aus dem Leib heraustreten und in den Himmel hinauffliegen zu müssen. Dörfer wechselten mit weiten Wiesen, Wiesen mit Wäldern und Hügel mit Bergen ab, und wenn der Abend kam, wie wurde da nach und nach alles leiser und leiser. Schöne Frauen traten aus dem Düster, Geflüster und Dunkel groß hervor und grüßten mit stiller, königinnen- und kaiserinnengleicher Gebärde den Wanderer. Und wie war es doch erst in den stillen, von der heißen mittäglichen Sonne beschienenen und verzauberten Dörfern, wo das heimelige Pfarrhaus stand in der grünen rätselhaften Gasse, und die Leute dastanden mit groß geöffneten, erstaunten und sorgsam forschenden und fragenden Augen. Wunderbar war das Einkehren in das Gasthaus und das Schlafen im sauberen, nach

frischem Bettzeug duftenden Gasthausbett. Das
Zimmer roch zum Entzücken nach reifen Äpfeln,
und am frühen Morgen stellte sich der Wander-
bursche an das offene Fenster und schaute in die
bläulich-goldene, grüne und weiße Morgenland-
schaft hinaus und atmete die süße Morgenluft in
seine wildbewegte Brust hinein, von all der Schönheit, die er sah, überwältigt. Wieder und wieder
wanderte er weiter, mit heiteren und mit düsteren
Gedanken, unter dem Tag- und unter dem Nacht-
himmel, unter der Sonne und unter dem Mond,
unter schmerzenden und unter glücklich lächeln-
den Gefühlen. Ach, und wie schmeckten ihm Käs
und Brot und die zwiebelbelegte köstliche, länd-
lich zubereitete Bratwurst! Denn wenn dem rüsti-
gen Wandersmann das Essen nicht schmeckt, wem
sonst soll es dann noch schmecken?

Brüder Grimm

Die beiden Wanderer

B erg und Tal begegnen sich nicht, wohl aber die Menschenkinder, zumal gute und böse. So kam auch einmal ein Schuster und ein Schneider auf der Wanderschaft zusammen. Der Schneider war ein kleiner hübscher Kerl und war immer lustig und guter Dinge. Er sah den Schuster von der andern Seite herankommen, und da er an seinem Ranzen merkte, was er für ein Handwerk trieb, rief er ihm ein Spottliedchen zu:

> »Nähe mir die Naht,
> ziehe mir den Draht,
> streich ihn rechts und links mit Pech,
> schlag, schlag mir fest den Zweck.«

Der Schuster aber konnte keinen Spaß vertragen, er verzog das Gesicht, als wenn er Essig getrunken hätte, und machte Miene, das Schneiderlein am Kragen zu packen. Der kleine Kerl fing aber an zu lachen, reichte ihm seine Flasche und sprach: »Es ist nicht bös gemeint, trink einmal und schluck die

Galle hinunter.« Der Schuster tat einen gewaltigen Schluck, und das Gewitter auf seinem Gesicht fing an sich zu verziehen. Er gab dem Schneider die Flasche zurück und sprach: »Ich habe ihr ordentlich zugesprochen, man sagt wohl vom vielen Trinken, aber nicht vom großen Durst. Wollen wir zusammen wandern?« – »Mir ist's recht«, antwortete der Schneider, »wenn du nur Lust hast, in eine große Stadt zu gehen, wo es nicht an Arbeit fehlt.« – »Gerade dahin wollte ich auch«, antwortete der Schuster, »in einem kleinen Nest ist nichts zu verdienen, und auf dem Lande gehen die Leute lieber barfuß.« Sie wanderten also zusammen weiter und setzten immer einen Fuß vor den andern wie die Wiesel im Schnee.

Zeit genug hatten sie beide, aber wenig zu beißen und zu brechen. Wenn sie in eine Stadt kamen, so gingen sie umher und grüßten das Handwerk, und weil das Schneiderlein so frisch und munter aussah und so hübsche rote Backen hatte, so gab ihm jeder gerne, und wenn das Glück gut war, so gab ihm die Meistertochter unter der Haustüre auch noch einen Kuss auf den Weg. Wenn er mit dem Schuster wieder zusammentraf, so hatte er immer mehr in seinem Bündel. Der griesgrämige Schuster schnitt ein schiefes Gesicht und meinte: »Je größer der Schelm, je größer das Glück.« Aber der Schneider fing an zu lachen und zu singen und teilte alles, was er bekam, mit seinem Kameraden. Klingelten nun ein paar Groschen in seiner Tasche, so ließ er auftragen, schlug vor Freude auf den Tisch, dass die Gläser tanzten, und es hieß bei ihm »leicht verdient und leicht vertan«.

Als sie eine Zeitlang gewandert waren, kamen sie an einen großen Wald, durch welchen der Weg nach der Königsstadt ging. Es führten aber zwei Fußsteige hindurch, davon war der eine sieben Tage lang, der andere nur zwei Tage, aber niemand von ihnen wusste, welcher der kürzere Weg war. Die zwei Wanderer setzten sich unter einen Eichenbaum und ratschlagten, wie sie sich vorsehen und für wie viele Tage sie Brot mitnehmen wollten. Der Schuster sagte: »Man muss weiter denken, als man geht, ich will für sieben Tage Brot mitnehmen.« – »Was«, sagte der Schneider, »für sieben Tage Brot auf dem Rücken schleppen wie ein Lasttier und sich nicht umschauen? Ich halte mich an Gott und kehre mich an nichts. Das Geld, das ich in der Tasche habe, das ist im Sommer so gut als im Winter, aber das Brot wird in der heißen Zeit trocken und obendrein schimmelig. Mein Rock geht auch nicht länger als auf die Knöchel. Warum sollen wir den richtigen Weg nicht finden? Für zwei Tage Brot und damit gut.« Es kaufte sich also ein jeder sein Brot, dann gingen sie auf gut Glück in den Wald hinein.

In dem Wald war es so still wie in einer Kirche. Kein Wind wehte, kein Bach rauschte, kein Vogel sang, und durch die dichtbelaubten Äste drang kein Sonnenstrahl. Der Schuster sprach kein Wort, ihn drückte das schwere Brot auf dem Rücken, dass ihm der Schweiß über sein verdrießliches und finsteres Gesicht herabfloss. Der Schneider aber war ganz munter, sprang daher, pfiff auf einem Blatt oder sang ein Liedchen und dachte: »Gott im Himmel muss sich freuen, dass ich so lustig bin.« Zwei Tage ging das so fort, aber als am dritten Tag der Wald kein Ende nehmen wollte und der Schneider sein Brot aufgegessen hatte, so fiel ihm das Herz doch eine Elle tiefer herab – indessen verlor er nicht den Mut, sondern verließ sich auf Gott und auf sein Glück. Den dritten Tag legte er sich abends hungrig unter einen Baum und stieg den andern Morgen hungrig wieder auf. So ging es auch den vierten Tag, und wenn der Schuster sich auf einen umgestürzten Baum setzte und seine Mahlzeit verzehrte, so blieb dem Schneider nichts als das Zusehen. Bat er um ein Stückchen Brot, so lachte der andere höhnisch und sagte: »Du bist immer so lustig gewesen, da kannst du auch einmal versuchen, wie's tut, wenn man unlustig ist: Die Vögel, die morgens zu früh singen, die stößt abends der Habicht«; kurz, er war ohne Barmherzigkeit. Aber am fünften Morgen konnte der arme Schneider nicht mehr aufstehen und vor Mattigkeit kaum ein Wort herausbringen; die Backen waren ihm weiß und die Augen rot. Da sagte der Schuster zu ihm: »Ich will dir heute ein Stück Brot geben, aber dafür will ich dir dein rechtes Auge ausstechen.« Der unglückliche Schneider, der doch gerne sein Leben erhalten wollte, konnte sich nicht anders helfen: Er weinte noch einmal mit beiden Augen und hielt sie dann hin, und der Schuster, der ein Herz von Stein hatte, stach ihm mit einem scharfen Messer das rechte Auge aus. Dem Schneider kam in den Sinn, was ihm sonst seine Mutter gesagt hatte, wenn er in der Speisekammer genascht hatte: »Essen, so viel man mag, und leiden, was man muss.« Als er sein teuer bezahltes Brot verzehrt hatte, machte er sich wieder auf die Beine, vergaß sein Unglück und tröstete sich damit, dass er mit einem Auge noch immer genug sehen könnte. Aber am sechsten Tag meldete sich der Hunger aufs Neue und zehrte ihm fast das Herz auf. Er fiel abends bei einem Baum nieder, und am siebenten Morgen konnte er sich vor Mattigkeit nicht erheben, und der Tod saß ihm im Nacken. Da sagte der Schuster: »Ich will Barmherzigkeit ausüben und dir nochmals Brot geben; umsonst bekommst du es nicht, ich steche dir dafür das andere Auge noch aus.« Da erkannte der Schneider sein leichtsinniges Leben, bat den lieben Gott um Verzeihung und sprach: »Tue, was du musst, ich will leiden, was ich muss; aber bedenke, dass unser Herrgott nicht jeden Augenblick richtet, und dass eine andere Stunde kommt, wo die böse Tat vergolten wird, die du an mir verübst und die ich nicht an dir verdient habe. Ich habe in guten Tagen mit dir geteilt, was ich hatte. Mein Handwerk ist der Art, dass Stich muss Stich vertreiben. Wenn ich keine Augen mehr habe und nicht mehr nähen kann, so muss ich betteln gehen. Lass mich nur, wenn ich blind bin, hier nicht allein liegen, sonst muss ich verschmachten.« Der Schuster aber, der Gott aus seinem Herzen vertrieben hatte, nahm das Messer und stach ihm noch das linke Auge aus. Dann gab er ihm ein Stück Brot zu essen, reichte ihm einen Stock und führte ihn hinter sich her.

Als die Sonne unterging, kamen sie aus dem Wald, und vor dem Wald auf dem Feld stand ein Galgen. Dahin leitete der Schuster den blinden Schneider, ließ ihn dann liegen und ging seiner Wege. Vor Müdigkeit, Schmerz und Hunger schlief der Unglückliche ein und schlief die ganze Nacht. Als der Tag dämmerte, erwachte er, wusste aber nicht, wo er lag. An dem Galgen hingen zwei arme Sünder, und auf dem Kopfe eines jeden saß eine Krähe. Da fing der eine an zu sprechen: »Bruder, wachst du?« – »Ja, ich wache«, antwortete der zweite. »So will ich dir etwas sagen«, fing der erste wieder an, »der Tau, der heute Nacht über uns vom Galgen herabgefallen ist, der gibt jedem, der sich damit wäscht, die Augen wieder. Wenn das die Blinden wüssten, wie mancher könnte sein Gesicht wiederhaben, der nicht glaubt, dass das möglich sei.« Als der Schneider das hörte, nahm er sein Taschentuch, drückte es auf das Gras, und als es mit dem Tau befeuchtet war, wusch er seine Augenhöhlen damit. Alsbald ging in Erfüllung, was der Gehenkte gesagt hatte, und ein paar frische und gesunde Augen füllten die Höhlen. Es dauerte nicht lange, so sah der Schneider die Sonne hinter den Bergen aufsteigen: vor ihm in der Ebene lag die große Königsstadt mit ihren prächtigen Toren und hundert Türmen, und die goldenen Knöpfe und Kreuze, die auf den Spitzen standen, fingen an zu glühen. Er unterschied jedes Blatt an den Bäumen, erblickte die Vögel, die vorbeiflogen, und die Mücken, die in der Luft tanzten. Er holte eine Nähnadel aus der Tasche, und als er den Zwirn einfädeln konnte, so gut, als er es je gekonnt hatte, so sprang sein Herz vor Freude. Er warf sich auf seine Knie, dankte Gott für die erwiesene Gnade und sprach seinen Morgensegen: er vergaß auch nicht, für die armen Sünder zu bitten, die da hingen wie der Schwengel in der Glocke und die der Wind aneinanderschlug. Dann nahm er sein Bündel auf den Rücken, vergaß bald das ausgestandene Herzeleid und ging unter Singen und Pfeifen weiter.

Das Erste, was ihm begegnete, war ein braunes Fohlen, das frei im Felde herumsprang. Er packte es an der Mähne, wollte sich aufschwingen und in die Stadt reiten. Das Fohlen aber bat um seine Freiheit. »Ich bin noch zu jung«, sprach es, »auch ein leichter Schneider wie du bricht mir den Rücken entzwei, lass mich laufen, bis ich stark geworden bin. Es kommt vielleicht eine Zeit, wo ich dir's lohnen kann.« – »Lauf hin«, sagte der Schneider, »ich sehe, du bist auch so ein Springinsfeld.« Er gab ihm noch einen Hieb mit der Gerte über den Rücken, dass es vor Freude mit den Hinterbeinen ausschlug, über Hecken und Gräben setzte und in das Feld hineinjagte.

Aber das Schneiderlein hatte seit gestern nichts gegessen. »Die Sonne«, sprach er, »füllt mir zwar die Augen, aber das Brot nicht den Mund. Das Erste, was mir begegnet und halbwegs genießbar ist, das muss herhalten.« Indem schritt ein Storch ganz ernsthaft über die Wiese daher. »Halt, halt«, rief der Schneider und packte ihn am Bein, »ich weiß nicht, ob du zu genießen bist, aber mein Hunger erlaubt mir keine lange Wahl, ich muss dir den Kopf abschneiden und dich braten.« – »Tue das nicht«, antwortete der Storch, »ich bin ein heiliger Vogel, dem niemand ein Leid zufügt, und der den Menschen großen Nutzen bringt. Lässt du mir mein Leben, so kann ich dirs ein andermal vergelten.« – »So zieh ab, Vetter Langbein«, sagte der Schneider. Der Storch erhob sich, ließ die langen Beine hängen und flog gemächlich fort.

»Was soll daraus werden?«, sagte der Schneider zu sich selbst. »Mein Hunger wird immer größer, und mein Magen immer leerer. Was mir jetzt in den Weg kommt, das ist verloren.« Indem sah er auf einem Teich ein paar junge Enten daherschwimmen. »Ihr kommt ja wie gerufen«, sagte er, packte eine davon und wollte ihr den Hals umdrehen. Da fing eine alte Ente, die in dem Schilf steckte, laut an zu kreischen, schwamm mit aufgesperrtem Schnabel herbei und bat ihn flehentlich, sich ihrer lieben Kinder zu erbarmen. »Denkst du nicht«, sagte sie, »wie deine Mutter jammern würde, wenn dich einer wegholen und dir den Garaus machen wollte?« – »Sei nur still«, sagte der gutmütige Schneider, »du sollst deine Kinder behalten«, und setzte die Gefangene wieder ins Wasser.

Als er sich umkehrte, stand er vor einem alten Baum, der halb hohl war, und sah die wilden Bienen aus- und einfliegen. »Da finde ich gleich den Lohn für meine gute Tat«, sagte der Schneider, »der Honig wird mich laben.« Aber der Weisel kam heraus, drohte und sprach: »Wenn du mein Volk anrührst und mein Nest zerstörst, so sollen dir unsere Stacheln wie zehntausend glühende Nadeln in die Haut fahren. Lässt du uns aber in Ruhe und gehst deiner Wege, so wollen wir dir ein andermal dafür einen Dienst leisten.«

Das Schneiderlein sah, dass auch hier nichts anzufangen war. »Drei Schüsseln leer«, sagte er, »und auf der vierten nichts, das ist eine schlechte Mahlzeit.« Er schleppte sich also mit seinem ausgehungerten Magen in die Stadt, und da es eben zu Mittag läutete, so war für ihn im Gasthaus schon gekocht, und er konnte sich gleich zu Tisch setzen. Als er satt war, sagte er: »Nun will ich auch arbeiten.« Er ging in der Stadt umher, suchte einen Meister und fand auch bald ein gutes Unterkommen. Da er aber sein Handwerk von Grund auf gelernt hatte, so dauerte es nicht lange, er ward berühmt, und jeder wollte seinen neuen Rock von dem kleinen Schneider gemacht haben. Alle Tage nahm sein Ansehen zu. »Ich kann in meiner Kunst nicht weiterkommen«, sprach er, »und doch geht's jeden Tag besser.« Endlich bestellte ihn der König zu seinem Hofschneider.

Aber wie's in der Welt geht. An demselben Tag war sein ehemaliger Kamerad, der Schuster, auch Hofschuster geworden. Als dieser den Schneider erblickte und sah, dass er wieder zwei gesunde Augen hatte, so peinigte ihn das Gewissen. »Ehe er Rache an mir nimmt«, dachte er bei sich selbst, »muss ich ihm eine Grube graben.« Wer aber andern eine Grube gräbt, fällt selbst hinein. Abends, als er Feierabend gemacht hatte und es dämmrig geworden war, schlich er sich zu dem König und sagte: »Herr König, der Schneider ist ein übermütiger Mensch und hat sich vermessen, er wollte die goldene Krone wieder herbeischaffen, die vor alten Zeiten ist verlorengegangen.« – »Das sollte mir lieb sein«, sprach der König, ließ den Schneider am andern Morgen vor sich fordern und befahl ihm, die Krone wieder herbeizuschaffen oder für immer die Stadt zu verlassen. »Oho«, dachte der Schneider, »ein Schelm gibt mehr, als er hat. Wenn der murrköpfige König von mir verlangt, was kein Mensch leisten kann, so will ich nicht warten bis morgen, sondern gleich heute wieder zur Stadt hinauswandern.« Er schnürte also sein Bündel, als er aber aus dem Tor heraus war, so tat es ihm doch leid, dass er sein Glück aufgegeben und die Stadt, in der es ihm so wohl gegangen war, mit dem Rücken ansehen sollte. Er kam zu dem Teich, wo er mit den Enten Bekanntschaft gemacht hatte, da saß gerade die Alte, der er ihre Jungen gelassen hatte, am Ufer und putzte sich mit dem Schnabel. Sie erkannte ihn gleich und fragte, warum er den Kopf so hängen lasse. »Du wirst dich nicht wundern, wenn du hörst, was mir begegnet ist«, antwortete der Schneider und erzählte ihr sein Schicksal. »Wenn's weiter nichts ist«, sagte die Ente, »da können wir Rat schaffen. Die Krone ist ins Wasser

130

gefallen und liegt unten auf dem Grund, wie bald haben wir sie wieder heraufgeholt. Breite nur derweil dein Taschentuch ans Ufer aus.« Sie tauchte mit ihren zwölf Jungen unter, und nach fünf Minuten war sie wieder oben und saß mitten in der Krone, die auf ihren Fittichen ruhte, und die zwölf Jungen schwammen rundherum, hatten ihre Schnäbel untergelegt und halfen tragen. Sie schwammen ans Land und legten die Krone auf das Tuch. Du glaubst nicht, wie prächtig die Krone war, wenn die Sonne darauf schien, so glänzte sie wie hunderttausend Karfunkelsteine. Der Schneider band sein Tuch mit den vier Zipfeln zusammen und trug sie zum König, der in einer Freude war und dem Schneider eine goldene Kette um den Hals hing.

Als der Schuster sah, dass der eine Streich misslungen war, so besann er sich auf einen zweiten, trat vor den König und sprach: »Herr König, der Schneider ist wieder so übermütig geworden, er vermisst sich, das ganze königliche Schloss mit allem, was darin ist, los und fest, innen und außen, in Wachs abzubilden.« Der König ließ den Schneider kommen und befahl ihm, das ganze königliche Schloss mit allem, was darin wäre, los und fest, innen und außen, in Wachs abzubilden, und wenn er es nicht zustande brächte, oder es fehlte nur ein Nagel an der Wand, so sollte er zeitlebens unter der Erde gefangen sitzen. Der Schneider dachte: »Es kommt immer ärger, das hält kein Mensch aus«, warf sein Bündel auf den Rücken und wanderte fort. Als er an den hohlen Baum kam, setzte er sich nieder und ließ den Kopf hängen. Die Bienen kamen herausgeflogen, und der Weisel fragte ihn, ob er einen steifen Hals hätte, weil er den Kopf so schief hielt. »Ach nein«, antwortete der Schneider, »mich drückt etwas anderes«, und erzählte, was der König von ihm gefordert hatte. Die Bienen fingen an untereinander zu summen und zu brummen, und der Weisel sprach: »Geh nur wieder nach Haus, komm aber morgen um diese Zeit wieder und bring ein großes Tuch mit, so wird alles gutgehen.« Da kehrte er wieder um, die Bienen aber flogen nach dem königlichen Schloss geradezu in die offenen Fenster hinein, krochen in allen Ecken herum und besahen alles aufs Genaueste. Dann liefen sie zurück und bildeten das Schloss in Wachs nach mit einer solchen Geschwindigkeit, dass man meinte, es wüchse einem vor den Augen. Schon am Abend war alles fertig, und als der Schneider am folgenden Morgen kam, so stand das ganze prächtige Gebäude da, und es fehlte kein Nagel an der Wand und kein Ziegel auf dem Dach; dabei war es zart und schneeweiß und roch süß wie Honig. Der Schneider packte es vorsichtig in sein Tuch und brachte es dem König, der aber konnte sich nicht genug verwundern, stellte es in seinem größten

Saal auf und schenkte dem Schneider dafür ein großes steinernes Haus.

Der Schuster aber ließ nicht nach, ging zum dritten Mal zu dem König und sprach: »Herr König, dem Schneider ist zu Ohren gekommen, dass auf dem Schlosshof kein Wasser springen will, da hat er sich vermessen, es solle mitten im Hof mannshoch aufsteigen und hell sein wie Kristall.« Da ließ der König den Schneider herbeiholen und sagte: »Wenn nicht morgen ein Strahl von Wasser in meinem Hof springt, wie du versprochen hast, so soll dich der Scharfrichter auf demselben Hof um einen Kopf kürzer machen.« Der arme Schneider besann sich nicht lange und eilte zum Tore hinaus, und weil es ihm diesmal ans Leben gehen sollte, so rollten ihm die Tränen über die Backen herab. Indem er so voll Trauer dahinging, kam das Füllen herangesprungen, dem er einmal die Freiheit geschenkt hatte und aus dem ein hübscher Brauner geworden war. »Jetzt kommt die Stunde«, sprach er zu ihm, »wo ich dir deine Guttat vergelten kann. Ich weiß schon, was dir fehlt, aber es soll dir bald geholfen werden, sitz nur auf, mein Rücken kann deiner zwei tragen.« Dem Schneider kam das Herz wieder, er sprang in einem Satz auf, und das Pferd rannte in vollem Lauf zur Stadt hinein und geradezu auf den Schlosshof. Da jagte es dreimal rundherum, schnell wie der Blitz, und beim dritten Mal stürzte es nieder. In dem Augenblick aber krachte es furchtbar: Ein Stück Erde sprang in der Mitte des Hofs wie eine Kugel in die Luft und über das Schloss hinaus, und gleich dahinterher erhob sich ein Strahl von Wasser so hoch wie Mann und Pferd, und das Wasser war so rein wie Kristall, und die Sonnenstrahlen fingen an darauf zu tanzen. Als der König das sah, stand er vor Verwunderung auf, ging und umarmte das Schneiderlein im Angesicht aller Menschen.

Aber das Glück dauerte nicht lange. Der König hatte Töchter genug, eine immer schöner als die andere, aber keinen Sohn. Da begab sich der boshafte Schuster zum vierten Mal zu dem Könige und sprach: »Herr König, der Schneider lässt nicht ab von seinem Übermut. Jetzt hat er sich vermessen, wenn er wolle, so könne er dem Herrn König einen Sohn durch die Lüfte herbeitragen lassen.« Der König ließ den Schneider rufen und sprach: »Wenn du mir binnen neun Tagen einen Sohn bringen lässt, so sollst du meine älteste Tochter zur Frau haben.« – »Der Lohn ist freilich groß«, dachte das Schneiderlein, »da täte man wohl ein Übriges, aber die Kirschen hängen mir zu hoch: Wenn ich danach steige, so bricht unter mir der Ast, und ich falle herab.« Er ging nach Haus, setzte sich mit unterschlagenen Beinen auf seinen Arbeitstisch und bedachte sich, was zu tun wäre. »Es geht nicht«, rief

134

er endlich aus, »ich will fort, hier kann ich doch nicht in Ruhe leben.« Er schnürte sein Bündel und eilte zum Tore hinaus. Als er auf die Wiesen kam, erblickte er seinen alten Freund, den Storch, der da wie ein Weltweiser auf- und abging, zuweilen stillstand, einen Frosch in nähere Betrachtung nahm und ihn endlich verschluckte. Der Storch kam heran und begrüßte ihn. »Ich sehe«, hub er an, »du hast deinen Ranzen auf dem Rücken, warum willst du die Stadt verlassen?« Der Schneider erzählte ihm, was der König von ihm verlangt hatte und er nicht erfüllen konnte, und jammerte über sein Missgeschick. »Lass dir darüber keine grauen Haare wachsen«, sagte der Storch. »Ich will dir aus der Not helfen. Schon lange bringe ich die Wickelkinder in die Stadt, da kann ich auch einmal einen kleinen Prinzen aus dem Brunnen holen. Geh heim und verhalte dich ruhig. Heut über neun Tage begib dich in das königliche Schloss, da will ich kommen.« Das Schneiderlein ging nach Haus und war zu rechter Zeit in dem Schloss. Nicht lange, so kam der Storch herangeflogen und klopfte ans Fenster. Der Schneider öffnete ihm, und Vetter Langbein stieg vorsichtig herein und ging mit gravitätischen Schritten über den glatten Marmorboden; er hatte aber ein Kind im Schnabel, das schön wie ein Engel war und seine Händchen nach der Königin ausstreckte. Er legte es ihr auf den Schoß, und sie herzte und küsste es und war vor Freude außer sich. Der Storch nahm, bevor er wieder wegflog, seine Reisetasche von der Schulter herab und überreichte sie der Königin. Es steckten Tüten darin mit bunten Zuckererbsen, sie wurden unter die kleinen Prinzessinnen verteilt. Die Älteste aber erhielt nichts, sondern bekam den lustigen Schneider zum Mann. »Es ist mir gerade so«, sprach der Schneider, »als wenn ich das große Los gewonnen hätte. Meine Mutter hatte doch recht, die sagte immer, wer auf Gott vertraut und nur Glück hat, dem kann's nicht fehlen.«

Der Schuster musste die Schuhe machen, in welchen das Schneiderlein auf dem Hochzeitsfest tanzte, hernach ward ihm befohlen, die Stadt auf immer zu verlassen. Der Weg nach dem Wald führte ihn zu dem Galgen. Von Zorn, Wut und der Hitze des Tages ermüdet, warf er sich nieder. Als er die Augen zumachte und schlafen wollte, stürzten die beiden Krähen von den Köpfen der Gehenkten mit lautem Geschrei herab und hackten ihm die Augen aus. Unsinnig rannte er in den Wald und muss darin verschmachtet sein, denn es hat ihn niemand wiedergesehen oder etwas von ihm gehört.

Kurt Tucholsky

Die Fußtour

Würzburg; Sonnabend. Die beiden Halbirren brechen frühmorgens in meine Appartements im Weißen Lamm. »Aufstehen! Polizei!« und »In dieser Luft kannst du schlafen?« Jakopp in einem neuen Anzug, greulich anzusehen, Karlchen, die Zähne fletschend und grinsend in einem Gemisch von falschem Hohn und Schadenfreude. Die seit einem Jahr angesagte, organisierte, verabredete, immer wieder aufgeschobene und endlich zustandegekommene Fußtour beginnt. Du großer Gott –

Abends. Wir hätten sollen nicht so viel Steinwein trinken. Aber das ist schwer: so etwas von Reinheit, von klarer Kraft, von aufgesammelter Sonne und sonnengetränkter Erde war noch nicht da. Und das war nur der offene, in Gläsern – wie wird das erst, wenn die gedrückten Flaschen des Bocksbeutels auf den Tisch gestellt werden …! Oben auf der Festung ist ein Führer, der ›erklärt‹ die alte Bastei und macht sich niedlich, wie jener berühmte Mann auf der Papstburg in Avignon. Aber hier dieser feldwebelbemützte Troubadour singt denn doch ein anderes Lied: er sieht Friderikusn in jedem Baumhöcker, beschimpft die aufrührerischen Bauern wie weiland Luther und überhäuft einen Mann namens Florian Geyer mit Vorwürfen: der habe unten in der Ratsstube gesoffen, während die Bauern hier oben stürmen mussten. Das muss ich in den letzten Jahren schon einmal gehört haben. Der Brunnen ist so tief, dass ein angezündeter Fidibus… wie gehabt. In der Burg liegt Landespolizei und kann auf das weite gewellte Land heruntersehn. Wir hätten sollen in der Gartenwirtschaft Steinwein trinken.

Ochsenfurt; Sonntag. Als die Uhr auf dem Rathaus sechs schlug, ließen wir die Würfel liegen und stürmten hinaus, um uns anzusehen, wie die Apostel ihre Köpfe heraussteckten, die Bullen gegeneinander anliefen und der Tod mit der Hippe nickte. Dann liefen wir aber sehr eilig wieder in die Wirtsstube, wo die Würfel auf dem Tisch plärrten, weil man sie allein gelassen hatte. Wenn wir nicht das Barock des Landes würdigen und, den geschichtlichen Spuren der großen historischen Ereignisse folgend, dieselben auf uns wirken lassen, dann würfeln wir. Wir spielen ›Lottchen guckt vom Turm‹, ›Hohe Hausnummer rasend‹ und ›Kastrierter Waldaffe‹ sowie die von mir erfundenen, schwereren Dessins: ›Nonnenkräpfchen‹, ›Gretchen bleibt der Kegel weg‹ und ›Das Echo im Schwarzwald‹. Wir müssen furchtbar aufpassen, weil mindestens immer einer mogelt. Ich würde nie mogeln, wenn es jemand merkt. Auch muss alles aufgeschrieben werden, damit nachher entschieden werden kann, wer den Wein bezahlt. Ich habe schon viermal bezahlt. Es ist eine teure Freundschaft.

Iphofen; Montag. Ich werde mich hüten aufzuschreiben, wo wir gewesen sind. Als wir das erste Glas getrunken hatten, wurden wir ganz still. Karlchen hat eine ›Edelbeeren-Trocken-Spät-Auslese‹ erfunden, von der er behauptet, sie sei so teuer, dass nur noch Spinnweben in der Flasche... aber dieser war viel schöner. Ein 21er, tief wie ein Glockenton, das ganz große Glück. (Säuferpoesie, Säuferleber, die Enthaltsamkeitsbewegung – Sie sollten, junger Freund...) Das ganz große Glück. Das Glück wurde noch durch ein Glanzlicht überhöht: Der Wirt hatte einen 17er auf dem Fass, der war hell und zart wie Frühsommer. Man wurde ganz gerührt; schade, dass man einen Wein nicht streicheln kann.

Iphofen ist ein ganz verschlafenes Nest, mit sehr aufgeregten Gänsen auf den Straßen, alten Häusern, einer begrasten Stadtmauer und einem ›Geologen und Magnetopathen‹. Habe Karlchen geraten, sich seine erdigen Fingernägel untersuchen zu lassen. Will aber nicht.

In Ochsenfurt, auf dem Wege hierher, haben wir am äußersten Stadttor einen Ratsdiener gesehen, der stand da und regelte den Verkehr. Die Ochsenkutscher, die Mist karrten, streckten den linken Arm heraus, wenn sie ans Tor kamen – hier muss eine schwere Seuche ausgebrochen sein, die sich besonders an Straßenecken bemerkbar macht. Schrecklich, die armen Leute! Das kommt davon, wenn sie auf dem Broadway den Verkehr regeln. Wir nehmen uns jeder zwei Flaschen von dem ganz großen Glück mit, um es unseren Lieben in der Heimat mitzubringen. Jeder hat noch eine Flasche.

Kloster Bronnbach; Mittwoch. Der Herbst tönt, und die Wälder brennen. Wir sind in Wertheim gewesen, wo der Main als ein Bilderbuchfluss dahinströmt, und wo die Leute mit einer Fähre übersetzen wie in einer Hebelschen Erzählung. Drüben, in Kreuzwertheim, war Gala-Pracht-Eröffnungs-Vorstellung des Welt-Zirkus. Vormittags durfte man die wilden Tiere ansehen: einen maßlos melancholischen Eisbären, der in einer vergitterten Schublade vor sich hinroch und schwitzte; etwas Leopard und einen kleinen Panther, den die Zirkusjungfrau auf den Arm nahm, das Stück

Wildnis. Da kratzte er. Und die Jungfrau sagte zur Wildnis: »Du falscher Fuffziga!« Das konnten wir nicht mit ansehen, und da gingen wir fort.

Hier in Bronnbach steht eine schöne Kirche; darin knallt das Gold des alten Barock auf weißgetünchten Mauern. Ein alter Klosterhof ist da, Mönche und die bunte Stille des Herbstes. Wie schön müsste diese Reise erst sein, wenn wir drei nicht da wären!

Hier und da; Donnerstag. Große Diskussion, ob man eine Winzerin winzen kann. Miltenberg, Mespelbrunn und Heiligenbrücken: vergessen. In Wertheim aber stand an einem Haus ein Wahrspruch, den habe ich mir aufgeschrieben. Und wenn ich einst für meine Verdienste um die deutsche Wehrmacht geadelt werde, dann setze ich ihn mir ins Wappen. Er hieß: »Jeder hat ja so recht!«

Lichtenau; Sonnabend. Die Perle des Spessarts. Dies ist nicht das Wirtshaus im Spessart, das liegt in Rohrbrunn – aber wir benennen das um. Hier ist es richtig.

Unterwegs wurde Jakopp fußkrank; er taumelte beträchtlich, ächzte und betete zu merkwürdigen Gottheiten, auch sagte er unanständige Stammbuchverse auf, dass uns ganz angst wurde, denn wir

haben eine gute Erziehung genossen. Wir waren
froh, als wir ihn gesund nach Lichtenau gebracht
hatten, den alten siechen Mitveteranen. Und als wir
ins Gasthaus traten, siehe, da fiel unser Auge auf
ein Schild:

*»Autoverkehr! Automobil-Leichenwagen nach al-
len Richtungen«*

Des freute sich unser Herz, und froh setzten wir
uns zum Mahle. Der Wirt war streng, aber gerecht,
nein, doch nicht ganz gerecht, wie sich gleich zeigen wird. Wir gingen ums Haus.

Dies ist eine alte Landschaft. Die gibt es gar nicht
mehr; hier ist die Zeit stehengeblieben. Wenn
Landschaft Musik macht: dies ist ein deutsches
Streichquartett. Wie die hohen Bäume rauschen,
ein tiefer Klang, so ernst sehen die Wege aus... Die
Steindachlinie des alten Hauses ist so streng – hier
müssten altpreußische Reiter einreiten, etwa aus
der Zeit Louis Ferdinands. Die Fenster sind acht-
geteilt; um uns herum rauscht der abendliche Park-
wald. Wir sitzen zu dritt auf einer Stange und bere-
den ernste Sachen. Dann gehen wir hinein.

...Wir schmecken einmal, zweimal, dreimal. »Dieser Wein«, sage ich alter Kenner, »schmeckt nach

Sonne.« – »Und nach dem Korken!«, sagen die beiden andern gleichzeitig. Herr Wirt! Drohend naht er sich. Nun heißt's Mut gezeigt! Auf und drauf!

»Herr Wirt… es ist nämlich… also: probieren Sie mal den Wein!« – Er weiß schon, was ihm blüht. Und redet in Zungen, ganz schnell. »Wo ist der Korks? Erst muss ich den Korks haben! Also zuerst den Korks!« Der ›Korks‹ wird ihm gereicht – er beriecht ihn, er schnüffelt an der Flasche, er trinkt den Wein und schmeckt ab; man kann es an seinen Augen sehen, in denen seltsame Dinge vorgehen. Urteil: »Ich hab gleich gesehen, dass die Herren keine Bocksbeuteltrinker sind! Der Wein ist gut.« Berufung… »Der Wein ist gut!« – Revision… »…ist gut!« Raus.

Da sitzen wir nun. Ein mitleidiger Gast, der bei dem Wirte wundermild zur Kur weilt, sieht herüber. »Darf ich einmal versuchen –?« Er versucht. Und geduckten Rückens sagt dieser Feigling: »Meine Herren, der Wein schmeckt nicht nach dem Korken! Wenn er nach dem Korken schmeckt, *dann möpselt es nach* –!« Natürlich möpselt es. Wir hatten keine Ahnung, was das Wort bedeutete – aber es ging sofort in unsern Sprachschatz über. Jeder Weinkenner muss wissen, was ›möpseln‹ ist. Aus Rache, und um den Wirt zu strafen, trinken wir noch viele, viele Flaschen Steinwein, von allen Sorten, und alle, alle schmecken sie nach Sonne.

Lichtenau; Sonntag. Bei uns dreien möpselt es heute heftig nach.

In einem Weindorf; Montag. Auf der Post liegt ein Brief der schwarzen Prinzessin, den haben sie mir nachgeschickt. Sie sei zufällig in Franken; sie habe gehört, dass ich... und ob ich nicht vielleicht... und ob sie nicht vielleicht... Hm. Sie liebt, neben manchem andern, inständig ihr Grammophon, das ihr irgendein Dummer geschenkt hat. Einmal spielte das Ding – mit der allerleisesten Nadel – die ganze Nacht. Sie hat da so herrliche amerikanische Platten, auf denen die Neger singen. Eine, das weiß ich noch, hört damit auf, dass nach einem infernalischen Getobe von Gegenrhythmen der Bariton eine kleine Glocke läutet, die Musik verstummt, er läutet noch einmal und sagt: »No more!« Ich telegraphiere ihr.

Abends ist Festessen. Wir haben uns eine Gans bestellt, die aber ohne inwendige Äpfel erscheint. Eine Gans für drei Mann ist nicht viel – besonders wenn einer so viel isst wie Jakopp, so schnell wie Karlchen, so unappetitlich wie ich. Wir nehmen uns gegenseitig alles weg; den Wirt graust's, Jakopp hat die s-Krankheit. Er sagt ›Ratshaus‹ und ›Nachtstopf‹ und ›Bratskartoffeln‹. – »Das sind Bratskartoffeln, wie sie der Geheimrat Brats aus Berlin selbst erfunden hat.« Beim Würfeln gewinne ich furchtbar, und die beiden wollen nicht mehr mit mir spielen. They are bad losers.

Heimbuchenthal; Dienstag. Wie arm hier die Menschen sind! Alle Kinder sehen aus wie alte Leute: blass, gelb, mit trüben Augen.

Zu Fuß gehen ist recht schön. Manchmal sagen wir gar nichts – wir haben uns ja auch alles gesagt. Wir freuen uns nur, dass wir beisammen sind. Stellenweise hält einer ein Kolleg, keiner hört zu. Manchmal … wenn Männer untereinander und allein sind, kommt es vor, dass hie und da einer aufstößt. Es ist sehr befreiend. Bei einer Freundschaft zu dritt verbünden sich meist zwei gegen den Dritten und fallen über ihn her. Das wechselt, die Fäden laufen auf und ab, teilen sich und vereinigen sich; die Dreizahl ist eine sehr merkwürdige Sache. Eine Vierzahl gibt's nicht. Vier sind zwei oder viele.

Würzburg; Mittwoch. Abschiedsbesuch in der Residenz; das grüne Spielzimmer mit den silbernen Wänden, unter dem Grün glänzt das kalte Silber in metallischem Schein. Hier hat Napoleon geschla-

fen … schon gut. Das Gehen fällt uns nicht leicht –
der Steinwein fällt uns recht schwer. Die älteren
Jahrgänge vom Bürgerspital wollen getrunken sein.
Wir trinken sie.

Würzburg; Freitag. Ich habe die beiden auf die Bahn
gebracht, mit dem festen Vorsatz, sie nie wiederzusehen. Welche Säufer! Jetzt rollen sie dahin: der
eine in sein Hamburger Wasserwerk, der andere in
sein Polizeipräsidium. Der gibt sich als ein hohes
Tier aus; ist wahrscheinlich Hilfsschutzmann. Und
mit so etwas muss man nun umgehen! Um Viertel
vier läuft die Prinzessin ein.

Veitshöchheim; Sonnabend. Die Sonne strahlt in
den Park, die Putten stehen da und sehen uns an,
die Prinzessin plappert wie ein Papagei. Sie sagt
›Daddy‹ zu mir, eigentlich höre ich das gerne. Nun
ist die Sonne röter, der Abend zieht sachte herauf,
und die Prinzessin wird, wie immer, wenn es auf
die Nacht geht, Mutter und Wiege und Zuhause.
Wir sagen gar nichts – wir haben uns lange nicht
alles gesagt, aber das muss man auch nicht, zwischen Mann und Frau. Der 25er wirft uns fast um.
Wir fahren nach Würzburg zurück, das Grammophon spielt, Jack Smith flüstert, und ich höre allen
Atelierklatsch aus ganz Berlin. Gute – – Wie bitte?
Gute Nacht.

Würzburg, den ich weiß nicht wievielten. Auf
einmal ist alles heiter, beschwingt, vergnügt – die
Läden blitzen, wir trinken mit Maß und Ziel, ich
pfeife schon frühmorgens in der Badewanne. Wir
werden noch aus dem Hotel fliegen – das tut kein
verheirateter Mann.

Auf der schönen Mainbrücke steht ein Nepomuk –
wir gehen hin und legen ihm einen Glückspfennig
zu Füßen, um die Ehrlichkeit des Heiligen und der
Bevölkerung zu prüfen. Morgen wollen wir nach-
sehen ... (Wir sehen aber nicht nach, und nun liegt
der Pfennig wohl heute noch da.) Die Prinzessin
lugt schelmisch in die Schaufenster und unterhält
sich auffallend viel über Damenwäsche, Kombina-
tions, seidene Strümpfe ... Der schönste Schmuck
für einen weißen Frauenhals ist ein Geizkragen.

Gar kein Ort; gar keine Zeit. – – – –

Zwischen Nancy und Paris; heute. Der Abschied
war gefühlvoll, unsentimental, wie es sich gehört.
Jetzt flutet das alles vorbei, in schweren Wellen: Jakopp und das vom Wein leicht angegangene Karlchen; die Barockpuppen im Park der Residenz, das
Wasserschloss und der möpselnde Mann; Lichtenau
und Miltenberg. Es ist sehr schwer, aus Deutschland zu sein. Es ist sehr schön, aus Deutschland zu

sein. Ich sage: »Nun dreh dich um und schlaf ein!«
Sie dreht sich, aber zu mir. Gibt die Hand. Am
Morgen ist das Erste, das ich sehe, ein gelbes seide-
nes Haarnetz. Und ein Mund, der vergnügt lächelt.
Wie die Bahn rattert! Tackt wie eine Nähmaschine,
Takt und Gegentakt. Der Neger singt: »Daddy – o
Daddy!«, die Musik arbeitet, eine kleine Glocke
läutet, jemand sagt »No more«, und dann ist alles
zu Ende.

Johann Gottfried Seume

Fahren zeigt Ohnmacht, Gehen Kraft

Diesmal habe ich nur den kleinsten Teil zu Fuße gemacht; ungefähr nur hundert und fünfzig Meilen. Lieber wäre es mir und besser gewesen, wenn meine Zeit mir erlaubt hätte, das Ganze abzuwandeln. Wer geht, sieht im Durchschnitt anthropologisch und kosmisch mehr, als wer fährt. Überfeine und unfeine Leute mögen ihre Glossen darüber machen nach Belieben; es ist mir ziemlich gleichgültig. Ich halte den Gang für das Ehrenvollste und Selbständigste in dem Manne, und bin der Meinung, dass Alles besser gehen würde, wenn man mehr ginge. Man kann fast überall bloß deswegen nicht recht auf die Beine kommen und auf den Beinen bleiben, weil man zu viel fährt. Wer zu viel in dem Wagen sitzt, mit dem kann es nicht ordentlich gehen. Das Gefühl dieser Wahrheit scheint unaustilgbar zu sein. Wenn die Maschine stecken bleibt, sagt man doch noch immer, als ob man recht sehr tätig dabei wäre: Es will nicht gehen. Wenn der König ohne allen Gebrauch seiner Füße sich in's

Feld bewegen lässt, tut man ihm doch die Ehre an und spricht nicht anders als: Er geht zur Armee, er geht mit der Armee: nach der Regel *a potiori*. Sogar wenn eigentlich nicht mehr vom Gange die Rede sein kann, behält man zur Ehrenbezeigung doch immer noch das wichtige Wort bei und sagt: Der Admiral geht mit der Flotte und sucht den Feind auf; und wo die Hoffnung aufhört, spricht man: Es will nicht mehr gehen. Wo Alles zu viel fährt, geht Alles sehr schlecht, man sehe sich nur um! So wie man im Wagen sitzt, hat man sich sogleich einige Grade von der ursprünglichen Humanität entfernt. Man kann Niemand mehr fest und rein ins Ange-sicht sehen, wie man soll; man tut notwendig zu viel, oder zu wenig. Fahren zeigt Ohnmacht, Ge-hen Kraft. Schon deswegen wünschte ich nur sel-ten zu fahren, und weil ich aus dem Wagen keinem Armen so bequem und freundlich einen Groschen geben kann. Wenn ich nicht mehr zuweilen einem Armen einen Groschen geben kann, so lasse mich das Schicksal nicht länger mehr leben!

Ich war willens, hier eine kleine Abhandlung über den Vorteil und die beste Methode des Fuß-wandelns zu geben, wozu ich vielleicht ein Recht, so gut als irgendein anderer erworben habe; aber meine Seele ist jetzt zu voll von Dingen, die ihr bil-lig wichtiger sind.

Hermann Hesse

Wanderung

Bei diesem Hause nehme ich Abschied. Lange werde ich kein solches Haus mehr zu sehen bekommen. Denn ich nähere mich dem Alpenpass, und hier nimmt die nördliche, deutsche Bauart ein Ende, samt deutscher Landschaft und deutscher Sprache.

Wie schön ist es, solche Grenzen zu überschreiten! Der Wanderer ist in vielen Hinsichten ein primitiver Mensch, so wie der Nomade primitiver ist als der Bauer. Die Überwindung der Sesshaftigkeit aber und die Verachtung der Grenzen machen Leute meines Schlages trotzdem zu Wegweisern in die Zukunft. Wenn es viele Menschen gäbe, in denen eine so tiefe Verachtung für Landesgrenzen lebte wie in mir, dann gäbe es keine Kriege und Blockaden mehr. Es gibt nichts Gehässigeres als Grenzen, nichts Stupideres als Grenzen. Sie sind wie Kanonen, wie Generäle: solange Vernunft, Menschlichkeit und Friede herrscht, spürt man nichts von ihnen und lächelt über sie – sobald aber Krieg und Wahnsinn ausbricht, werden sie wichtig und heilig. Wie sind sie uns Wanderern in den Kriegsjahren zur Pein und zum Kerker geworden! Der Teufel hole sie!

Ich zeichne das Haus in mein Notizbuch, und mein Auge nimmt von deutschem Dach, deutschem Gebälk und Giebel, von mancher Traulichkeit und Heimatlichkeit Abschied. Noch einmal liebe ich all dies Heimatliche mit verstärkter Innigkeit, weil es zum Abschied ist. Morgen werde ich andere Dächer, andere Hütten lieben. Ich werde nicht, wie es in Liebesbriefen heißt, mein Herz hier zurücklassen. O nein, ich werde mein Herz mitnehmen, ich brauche es auch drüben über den Bergen, zu jeder Stunde. Denn ich bin ein Nomade, kein Bauer. Ich bin ein Verehrer der Untreue, des Wechsels, der Phantasie. Ich halte nichts davon, meine Liebe an irgendeinen Fleck der Erde festzunageln. Ich halte das, was wir lieben, immer nur für ein Gleichnis. Wo unsere Liebe hängen bleibt und zur Treue und Tugend wird, da wird sie mir verdächtig.

Wohl dem Bauern! Wohl dem Besitzenden und Sesshaften, dem Treuen, dem Tugendhaften! Ich kann ihn lieben, ich kann ihn verehren, ich kann ihn beneiden. Aber ich habe mein halbes Leben daran verloren, seine Tugend nachahmen zu wollen. Ich wollte sein, was ich nicht war. Ich wollte zwar ein Dichter sein, aber daneben doch auch ein Bürger. Ich wollte ein Künstler und Phantasiemensch sein, dabei aber auch Tugend haben und Heimat genießen. Lange hat es gedauert, bis ich wusste, dass man nicht beides sein und haben kann, dass ich Nomade bin und nicht Bauer, Sucher und nicht Bewahrer. Lange habe ich mich vor Göttern und Gesetzen kasteit, die doch für mich nur Götzen waren. Dies war mein Irrtum, meine Qual, meine Mitschuld am Elend der Welt. Ich vermehrte Schuld und Qual der Welt, indem ich mir selbst Gewalt antat, indem ich den Weg der Erlösung nicht zu gehen wagte. Der Weg der Erlösung führt nicht nach links und nicht nach rechts, er führt ins eigene Herz, und dort allein ist Gott, und dort allein ist Friede.

Von den Bergen weht ein feuchter Fallwind mir vorüber, jenseits blicken blaue Himmelsinseln auf andere Länder nieder. Unter jenen Himmeln werde ich oftmals glücklich sein, oft auch Heimweh haben. Der vollkommene Mensch meiner Art, der reine Wanderer, müsste das Heimweh nicht kennen. Ich kenne es, ich bin nicht vollkommen, und ich strebe auch nicht, es zu sein. Ich will mein Heimweh kosten, wie ich meine Freuden koste.

Dieser Wind, dem ich entgegensteige, duftet wunderbar nach Jenseits und Ferne, nach Wasserscheide und Sprachgrenze, nach Gebirge und Süden. Er ist voll Versprechung.

Lebe wohl, kleines Bauernhaus und heimatliche Landschaft! Von dir nehme ich Abschied wie ein

Jüngling von der Mutter: Er weiß, es ist Zeit für ihn, von der Mutter fortzugehen, und er weiß auch, dass er sie niemals ganz und gar verlassen kann, ob er auch wollte.

Über die tapfere kleine Straße weht der Wind. Baum und Strauch sind zurückgeblieben, Stein und Moos wächst hier allein. Niemand hat hier etwas zu suchen, niemand hat hier Besitz, der Bauer hat nicht Heu noch Holz hier oben. Aber die Ferne zieht, die Sehnsucht brennt, und sie hat über Fels und Sumpf und Schnee hinweg diese gute kleine Straße geschaffen, die zu anderen Tälern, anderen Häusern, zu anderen Sprachen und Menschen führt.

Auf der Passhöhe mache ich halt. Nach beiden Seiten fällt die Straße hinab, nach beiden Seiten rinnt Wasser, und was hier oben nah und Hand in Hand beisammensteht, findet seinen Weg nach zwei Welten hin. Die kleine Lache, die mein Schuh da streift, rinnt nach dem Norden ab, ihr Wasser kommt in ferne kalte Meere. Der kleine Schneerest dicht daneben aber tropft nach Süden ab, sein Wasser fällt nach ligurischen oder adriatischen Küsten hin ins Meer, dessen Grenze Afrika ist. Aber alle Wasser der Welt finden sich wieder, und Eismeer und Nil vermischen sich im feuchten Wolkenflug. Das alte schöne Gleichnis heiligt mir die Stunde. Auch uns Wanderer führt jeder Weg nach Hause.

Noch hat mein Blick die Wahl, noch gehört ihm Nord und Süd. Nach fünfzig Schritten wird nur noch der Süden mir offen stehen. Wie atmet er geheimnisvoll aus bläulichen Tälern herauf! Wie schlägt mein Herz ihm entgegen! Ahnung von Seen und Gärten, Duft von Wein und Mandel weht herauf, alte heilige Sage von Sehnsucht und Romfahrt.

Aus der Jugend klingt mir Erinnerung her wie Glockenruf aus fernen Tälern: Reiserausch meiner ersten Südenfahrt, trunkenes Einatmen der üppigen Gartenluft an den blauen Seen, abendliches Hinüberlauschen über erblassende Schneeberge in die ferne Heimat! Erstes Gebet vor heiligen Säulen des Altertums! Erster traumhafter Anblick des schäumenden Meeres hinter braunen Felsen!

Der Rausch ist nicht mehr da, und nicht mehr das Verlangen, allen meinen Lieben die schöne Ferne und mein Glück zu zeigen. Es ist nicht mehr Frühling in meinem Herzen. Es ist Sommer. Anders klingt der Gruß der Fremde zu mir herauf. Sein Widerhall in meiner Brust ist stiller. Ich werfe keinen Hut in die Luft. Ich singe kein Lied. Aber ich lächle, nicht nur mit dem Munde. Ich lächle mit der Seele, mit den Augen, mit der ganzen Haut, und ich biete dem heraufduftenden Lande andere Sinne entgegen als einstmals, feinere, stillere, schärfere, geübtere, auch dankbarere. Dies alles gehört mir

heute mehr als damals, spricht reicher und mit ver-
hundertfachten Nuancen zu mir. Meine trunkene
Sehnsucht malt nicht mehr Traumfarben über die
verschleierten Fernen, mein Auge ist zufrieden mit
dem, was da ist, denn es hat sehen gelernt. Die Welt
ist schöner geworden seit damals.

Die Welt ist schöner geworden. Ich bin allein,
und leide nicht unter dem Alleinsein. Ich wünsche
nichts anders. Ich bin bereit, mich von der Sonne
fertigkochen zu lassen. Ich bin begierig, reif zu
werden. Ich bin bereit zu sterben, bereit, wiederge-
boren zu werden.

Die Welt ist schöner geworden.

Joseph von Eichendorff

Der frohe Wandersmann

Wem Gott will rechte Gunst erweisen,
Den schickt er in die weite Welt;
Dem will er seine Wunder weisen
In Berg und Wald und Strom und Feld.

Die Trägen, die zu Hause liegen,
Erquicket nicht das Morgenrot,
Sie wissen nur von Kinderwiegen,
Von Sorgen, Last und Not um Brot.

Die Bächlein von den Bergen springen,
Die Lerchen schwirren hoch vor Lust,
Was sollt ich nicht mit ihnen singen
Aus voller Kehl und frischer Brust?

Den lieben Gott lass ich nur walten;
Der Bächlein, Lerchen, Wald und Feld
Und Erd und Himmel will erhalten,
Hat auch mein Sach aufs best bestellt!

Georg Büchner

Durchs Gebirg

Den 20. ging Lenz durchs Gebirg. Die Gipfel und hohen Bergflächen im Schnee, die Täler hinunter graues Gestein, grüne Flächen, Felsen und Tannen. Es war nasskalt, das Wasser rieselte die Felsen hinunter und sprang über den Weg. Die Äste der Tannen hingen schwer herab in die feuchte Luft. Am Himmel zogen graue Wolken, aber alles so dicht, und dann dampfte der Nebel herauf und strich schwer und feucht durch das Gesträuch, so träg, so plump. Er ging gleichgültig weiter, es lag ihm nichts am Weg, bald auf- bald abwärts. Müdigkeit spürte er keine, nur war es ihm manchmal unangenehm, dass er nicht auf dem Kopf gehn konnte. Anfangs drängte es ihm in der Brust, wenn das Gestein so wegsprang, der graue Wald sich unter ihm schüttelte, und der Nebel die Formen bald verschlang, bald die gewaltigen Glieder halb enthüllte; es drängte in ihm, er suchte nach etwas, wie nach verlornen Träumen, aber er fand nichts. Es war ihm alles so klein, so nahe, so nass, er hätte die Erde hinter den Ofen setzen mögen, er begriff nicht, dass er so viel Zeit brauchte, um einen Abhang hinunter zu klimmen, einen fernen Punkt zu erreichen; er meinte, er müsse alles mit ein paar Schritten ausmessen können. Nur manchmal, wenn der Sturm das Gewölk in die Täler warf, und es den Wald herauf dampfte, und die Stimmen an den Felsen wach wurden, bald wie fern verhallende Donner, und dann gewaltig heranbrausten, in Tönen, als wollten sie in ihrem wilden Jubel die Erde besingen, und die Wolken wie wilde wiehernde Rosse heransprengten, und der Sonnenschein dazwischen durchging und kam und sein blitzendes Schwert an den Schneeflächen zog, sodass ein helles, blendendes Licht über die Gipfel in die Täler schnitt; oder wenn der Sturm das Gewölk abwärts trieb und einen lichtblauen See hineinriss, und dann der Wind verhallte und tief unten aus den Schluchten, aus den Wipfeln der Tannen wie ein Wiegenlied und Glockengeläute heraufsummte, und am tiefen Blau ein leises Rot hinaufklomm, und kleine Wölkchen auf silbernen Flügeln durchzogen und alle Berggipfel scharf und fest, weit über das Land hin glänzten und blitzten, riss es ihm in der Brust, er stand, keuchend, den Leib vorwärts gebogen, Augen und Mund weit offen, er meinte, er müsse den Sturm in sich ziehen, alles in sich fassen, er dehnte sich aus und lag über der Erde, er wühlte sich in das All hinein, es war eine Lust, die ihm wehe tat; oder er stand still und legte das Haupt ins Moos und schloss die Augen halb, und dann zog es weit von ihm, die Erde wich unter ihm, sie wurde klein wie ein wandelnder Stern und tauchte sich in einen brausenden Strom, der seine klare Flut unter ihm zog. Aber es waren nur Augenblicke, und dann erhob er sich nüchtern, fest, ruhig, als wäre ein Schattenspiel vor ihm vorübergezogen, er wusste von nichts mehr. Gegen Abend kam er auf die Höhe des Gebirgs, auf das Schneefeld, von wo man wieder hinabstieg in die Ebene nach Westen, er setzte sich oben nieder. Es war gegen Abend ruhiger geworden; das Gewölk lag fest und unbeweglich am Himmel, soweit der Blick reichte, nichts als Gipfel, von denen sich breite Flächen hinabzogen, und alles so still, grau, dämmernd; es wurde ihm entsetzlich einsam, er war allein, ganz allein, er wollte mit sich sprechen, aber er konnte, er wagte kaum zu atmen, das Biegen seines Fußes tönte wie Donner unter ihm, er musste sich niedersetzen; es fasste ihn eine namenlose Angst in diesem Nichts, er war im Leeren, er riss sich auf und flog den Abhang hinunter. Es war finster geworden, Himmel und Erde verschmolzen in eins. Es war, als ginge ihm was nach, und als müsse ihn was Entsetzliches erreichen, etwas, das Menschen nicht ertragen können, als jage der Wahnsinn auf Rossen hinter ihm. Endlich hörte er Stimmen, er sah Lichter, es wurde ihm leichter, man sagte ihm, er hätte noch eine halbe Stunde nach *Waldbach*. Er ging durch das Dorf, die Lichter schienen durch die Fenster, er sah hinein im Vorbeigehen, Kinder am Tische, alte Weiber, Mädchen, alles ruhige, stille Gesichter, es war ihm, als müsse das Licht von ihnen ausstrahlen, es ward ihm leicht, er war bald in Waldbach im Pfarrhause. Man saß am Tische, er hinein; die blonden Locken hingen ihm um das bleiche Gesicht, es zuckte ihm in den Augen und um den Mund, seine Kleider waren zerrissen. *Oberlin* hieß ihn willkommen, er hielt ihn für einen Handwerker. »Seien Sie mir willkommen, obschon Sie mir unbekannt.«

Ludwig Bechstein

Der wandernde Stab

Eines Tages trat in die Wirtsstube einer einsam gelegenen Herberge, in welcher eine Witwe mit ihrem vierzehnjährigen Sohn sowie einem Knecht und einer Magd wohnte, ein Mann von ernstem Ansehen. Sein Gesicht war fahl und grau wie Asche und sein Gewand braun wie frische Graberde. In der Hand trug er einen Stab von festem, dunklem Holze. Diesen Stab stellte er in eine Ecke der Stube, in der sich niemand befand außer der Wirtin und ihr Sohn, da die beiden Dienstboten draußen beschäftigt waren.

Der düstere Wanderer bestellte einen kleinen Imbiss, und die Wirtin ging, diesen zu holen. Der Wanderer blieb allein mit dem Knaben, aber er beachtete diesen nicht, sondern trat an ein Fenster, das gegen Morgen gerichtet war, und seufzte und stand lange daran und starrte hinaus über die öde Fläche des Heidelandes.

Der Knabe betrachtete unterdes mit Neugier den Stab des Fremden. Am Handgriff dieses Stabes war mit Silberstiften die Figur eines Kreuzes eingeschlagen.

Diese Stifte glänzten gar hell, wie neu, und der Stock reizte den Jungen. Seine Neugier wandelte sich bald in Habgier um; scheu blickte er nach dem Fremden, der unbeweglich an dem Fenster stand, und scheu streckte Jakob – so hieß der Bub – die Hand nach dem Stabe aus. Gleich daneben stand eine alte, hohe Wanduhr mit braunem, geschnitztem Gehäuse. Leise öffnete Jakob dessen Tür, leise fasste er den Stab. Wohl zitterte seine Hand, als er ihn berührte, aber er nahm ihn, stellte ihn in das Uhrgehäuse und schloss die Tür wieder.

Jetzt trat die Wirtin herein und brachte, was der Fremde bestellt hatte. Hinter ihr schlüpfte Jakob aus der Stube. »So – hier wäre es!«, sagte die Wirtin zu ihrem einzigen Gast. »Gesegne es Euch Gott! Setzt Euch doch!« Der Fremde neigte sein Haupt zum Zeichen des Dankes, er nahm das Glas, netzte seine bleichen Lippen, aber er setzte sich nicht. Der alten Frau kam ein Grauen an vor dem Manne.

Draußen begann schon die Abenddämmerung. Die Wirtin wünschte zwar nicht, dass der Fremdling unter ihrem Dache bliebe, dennoch fragte sie: »Wollt Ihr hier übernachten? Schier ist's Abend! Seid Ihr nicht müde, dass Ihr Euch nicht setzt!« – »Kann nicht bleiben, muss weiter, muss wandern – wer fragt, ob ich müde bin? Oh!«, war die dumpfe Antwort.

Der Wirtin grauste noch mehr. Der Fremde legte

ein Stück Geld auf den Tisch – die Wirtin griff nicht danach. Jetzt ging jener nach der Tür zu, fasste in die Ecke und fragte: »Wo ist mein Wanderstab?«

»Hattet Ihr einen Stab?«, fragte die Wirtin.

»Ich hatte einen Stab und stellte ihn in diese Ecke!«, antwortete der Mann mit hohler Stimme.

»Mein Gott! Wo könnte er denn hin sein?«, rief das erschrockene Weib. »Sucht ihn – vielleicht irrt Ihr Euch und stelltet den Stock woandershin?«

»Er ist fort, bringt aber der Hand dessen, der ihn nahm, kein Glück!«, sprach der unheimliche Fremdling dumpf und gepresst.

»Genommen?«, rief die Wirtin heftig. »Wer sollte ihn genommen haben? Es ja niemand hier als Ihr und ich und« – da stockte sie.

»Und Euer Sohn!«, ergänzte der Fremde.

»Gott im Himmel!«, schrie die Frau auf und lief sogleich aus der Stube und rief, dass es durch das ganze Haus gellte: »Jakob! Jakob!«

Jakob antwortete nicht; er hatte sich versteckt, denn er wusste, weshalb ihn die Mutter rief, und fürchtete sich. Atemlos kehrte diese zurück und sprach: »Ich höre und sehe nichts von dem Jungen – ich weiß nicht, tat er's oder tat er's nicht. Doch wartet nur noch einen Augenblick!«

Die Wirtin ging in die Kammer und kam gleich darauf mit einem zwar alten, aber schönen Stabe zurück, den sie dem Fremden reichte. »Da, nehmt einstweilen den Gehstock meines seligen Mannes, Ihr sprecht doch wohl einmal wieder hier vor! Findet sich der Eure, so gebt Ihr mir diesen dagegen zurück.«

»Ich dank' Euch, Wirtin!«, sprach der fremde Mann und ging. Es war schon sehr düster, Nebel schwebten über den Heidestrecken, und in sie hinein schritt der bleiche Wanderer.

Der Wirtin ward leichter um das Herz, als dieser unheimliche Gast ihr Haus verlassen hatte. Sie nahm das von ihm zurückgelassene Geld – es war eine uralte Silbermünze. Die Frau kannte weder Schrift noch Gepräge – sie konnte nicht wissen, dass die Münze unter der Regierung des Römerkaisers Tiberius geprägt worden war, desselben Kaisers, zu dessen Zeit Christus in Jerusalem die Dornenkrone trug.

Leise ging jetzt die Tür auf, schüchtern drehte Jakob sich in die Stube hinein. »Unglückssohn!«, schrie ihm gleich die Mutter entgegen. »Sprich, nahmst du des Fremden Stock?« Jakob schwieg, halb aus Trotz und halb aus Angst vor seiner Mutter Zorn und ihrer strengen Strafe.

»Du schweigst – also nahmst du ihn, du gottvergessener Bube!«, schalt die Wirtin.

»Wo ist der Stock? Wohin schlepptest du ihn? Gleich nimm ihn und spring damit dem Fremden nach, und lass dir von ihm deines seligen Vaters

Sonntagsstock wiedergeben, mit dem er in die Kirche ging und den ich dem Fremden lieh, damit er nicht sage, dass er in meinem Hause bestohlen worden sei, durch *mein* Kind bestohlen!«

Jakob war ein verstockter Knabe, er blieb stumm. Da geriet sie in noch größeren Zorn, schlug ihn heftig und ließ ihn ohne Abendbrot zu Bett gehen.

Am anderen Tage, als die Wirtin in der Küche beschäftigt war, nahm Jakob den Stab heraus. Mit Wohlgefallen betrachtete er ihn und doch auch mit Scheu, denn die Silberstifte funkelten gar so sonderbar, und der Stab war so eiskalt, wie eine starre Schlange, und dennoch war es, als *lebe* der Stab.

Unwillkürlich zog es Jakob, mit diesem Stabe zu gehen, und er ging mit ihm – und ging – und ging – weit, weit von hinnen – über die Heide hin – längst sah er nicht mehr sein Vaterhaus. Rastlos regte sich der Stab in Jakobs Hand – gegen seinen Willen – und Schauer des Todes durchrieselten den Knaben. Wohin, wohin führte, wohin zwang ihn der Stab? Wandern, wandern musste er fort und fort, nicht ruhen noch rasten konnte er, an keiner Stelle, an keiner Quelle.

Endlich, als der Tag sich neigte, da stand in grauer Nebeldämmerung schier gespenstig vor Jakobs Blick ein düsteres Gehöft, auf das er zuschritt, und nun sah er ganz verwundert, dass er – zu Haus war.

Mit Schelten empfing ihn seine Mutter; sie hatte

geglaubt, er sei davongelaufen, und hatte Knecht und Magd ausgesendet, ihn zu suchen. Jakob aber war so müde, oh, so müde: Er wankte auf sein Bett zu und fiel halb ohnmächtig darauf nieder. Der Stab entsank seiner Hand, ohne dass er es wahrnahm.

Eine Woche verging, und der Stab stand im Gehäuse der alten Wanduhr. Jakob entsann sich nicht, ihn wieder dort verborgen zu haben, und er hütete sich wohl, ihn nochmals anzurühren. Doch sah er ihn von Zeit zu Zeit an, und Schauer überrieselten ihn bei seinem Anblick; im Dunkel des braunen Uhrgehäuses leuchteten hell wie Diamanten die silbernen Punkte in Kreuzesform.

Ein Freitag war's, gleich jenem Tage, an welchem Jakob den Stab heimlich an sich genommen hatte, und siehe da, mit einem Mal fühlte Jakob den Stab wieder in seiner Hand, und wieder musste er wandern, rastlos, ruhelos, bis am Himmel die Sternlein zu leuchten begannen. Da kam Jakob todmüde wieder nach Hause, bleich im Gesicht, sprachlos. Und als er endlich redete, so war es schaurig zu hören.

Durch Dörfer sei er gekommen, habe allen Leuten, die ihm dort begegnet waren, gleich ansehen können, ob sie noch selben Jahres sterben würden oder nicht; den Häusern habe er angesehen, dass nächstens Feuerbrünste sie verzehren, den Fluren, dass der Hagel sie treffen werde.

Jeden Freitag musste nun Jakob wandern – der Stab zwang ihn – musste sehen alles kommende Weh und Leid allerorten, wohin ihn der Stab führte, und dann kündete er es daheim der Mutter.

Die Mutter sann endlich auf Rat, wie der Sohn sich des Stabes entledigen solle, und er befolgte ihn. Auf einer der nächsten Wanderungen trat Jakob in ein Gasthaus, stellte den Stab in eine Ecke, verzehrte etwas, zahlte und ging hinweg, ohne den Stab mitzunehmen. Doch er war noch nicht dreißig Schritt gegangen, da kam ihm der Wirt nachgelaufen und schrie überlaut: »Ho! Ho! Halt!« – und als er näher kam, rief er: »Ihr habt Euern Stock vergessen!« und warf Jakob den Stab nach, der sich alsbald von selbst in dessen Hand legte.

Jakob stand am rauschenden Bach. »Ha, jetzt hab' ich's«, dachte er erfreut – schon flog vom Steg der Stab in die rollende Flut. Es war, als winde sich in dieser der Stab wie eine Schlange. »Der läuft mir nun nicht wieder nach!«, sagte sich Jakob und kehrte erleichterten Herzens heim.

Nicht lange aber war Jakob das Herz leicht, nicht länger, bis er im Dunkel des Uhrgehäuses das Siebengestirn des Kreuzes unheimlich blinken und funkeln sah.

Da hatte die Magd einen Rat. »Vernagelt doch den Rumpelkasten«, rief sie, »so ist der Not ein Ende. Ob die Uhr geht oder nicht, das ist alles eins.« Das war ein recht guter Rat, schade nur, dass er vergeblich war. Als der nächste Freitag kam, war der Stab in Jakobs Hand, dieser wusste gar nicht wie; aber er musste wieder wandern – vom Morgen bis zum Abend – und kam nach Hause, müder und elender denn je zuvor.

Velten, der kluge Knecht, schlug vor, den Stab in Stücke zu zerschlagen. Auch dieser Rat wurde versucht, leider umsonst. In Stücke zersprang nicht der Stab, sondern nur die Axt.

Wandern, wandern musste er – jeden und jeden Freitag, den Gott werden ließ – körperschwach, seelenkrank – wandern und voraussehen alles Übermaß des menschlichen Elends, das sonst dem Auge der Sterblichen sich wohltätig verbirgt.

Einst kam er in ein Dorf, wo ein gewaltiger Brand wütete. Haus um Haus ergriffen die Flammen, von einem Dache sprangen sie zum anderen. Wieder durchblitzte ein Gedanke Jakobs Seele: In die Flammenlohe den Stab!, und da flog der Stab – blieb hängen an einem brennenden Dachsparren und wurde rotglühend, dann weiß und die Silberstifte des Kreuzes flammten bläulich. Jakob ging ohne Stab nach Hause.

Da schnarrte die Wanduhr, da ging ihre Tür von selbst auf, spottend der Nägel, mit denen sie zugeschlagen war – da stand der Stab – unversehrt!

Ohnmächtig fiel Jakob seiner Mutter in die

Arme – er war wie vernichtet –, und sie sank mit ihm auf die Knie nieder und betete und schrie jammernd zum Himmel.

Jakob musste fort und fort wandern! Weit aber konnte er nicht mehr – seine Kraft war erschöpft, der matte Quell seines Lebens begann zu versiegen. Zweiundfünfzigmal hatte Jakob wandern müssen, ob er stand oder lag, es riss der Stab ihn von dannen. Ob er die ganze Woche über todesmatt kein Glied zu rühren vermochte – am Freitag erfolgte die Wanderschaft.

Doch war der Stab barmherzig und führte ihn auf kürzeren und immer kürzeren Wegen um das Vaterhaus.

Zuletzt war Jakob so sterbensmatt, dass er zu einem Gang von einer Stunde einen vollen Tag brauchte. Er glich einem zitternden Greise, und die Farbe seines Angesichts glich der Asche. Jakob glaubte, dass er bald sterben werde, und seine Mutter und alle, die ihn sahen, glaubten das auch.

Da kam am Tage vor dem dreiundfünfzigsten Freitag ein Traum über Jakob. Er sah ganz lebhaft, als ob es wirklich geschähe, die Tür der alten Wanduhr aufgehen, den Stab heraus- und an das Bett treten, darin er selbst lag. Dann begann der Stab zu sprechen.

»Jakob«, sagte er, »ich bin ein sehr alter Stab. Mit mir in seiner Hand ging der Erzvater, nach dessen Namen du genannt bist, über den Jordan. Ich ruhte in Moses' Hand, da Moses mit Gott sprach, und ward zur Schlange und wiederum zum Stabe. Ich ruhte in Aarons Hand und ward wieder zur Schlange und verschlang die Schlangenstäbe der Zauberer Pharaos. Wieder ward ich aufgehoben von Moses' Hand, und das Rote Meer teilte sich unter mir. Zweimal schlug Moses mit mir an den Fels, und es sprang Wasser heraus und tränkte die verdurstenden Menschen und Tiere. Wessen Stab ich aber jetzt bin, das kannst du, Knabe, nicht fassen. Du hast große Sünde getan, dass du dem armen Wanderer seinen Stab und Stütze heimlich entwendet hast; dafür hast du wandern müssen im finstern Tale und hast kosten müssen des Lebens Bitterkeit. Aber fortan wird der Herr deine Seele erquicken und dich führen auf rechter Straße, um seines Namens willen. Des Herrn Stecken und Stab wird dich trösten!«

Als der Stab also gesprochen hatte, war es, als umwehten Jakob Flügel der Engel. Er fühlte keine Ermüdung mehr, er schlummerte ein und erwachte wie neugeboren. Da brach der Freitagmorgen an – es war ein Karfreitag. Jakob glaubte jeden Augenblick, er werde die Wanderung wieder beginnen müssen, aber der Stab kam nicht in seine Hand.

Gegen Abend sprach Jakob sanft und fromm mit seiner Mutter von erhabenen und göttlichen

Dingen. Da ging die Tür auf, und ein hoher dunkler Wanderer trat ein und grüßte: »Friede sei mit euch!« Schauer durchbebten Mutter und Sohn, beide erkannten den Wanderer.

Und da tat sich die Tür des Wanduhrschranks auf, und der Stab schwebte heraus und in des Fremdlings Hand. Hell durch die abendliche Düsternis leuchtete das Kreuz am Stabe. Der Fremdling aber sprach noch einmal: »Friede sei mit euch!«, und wandte sich und ging. In die Seele von Mutter und Sohn zog ein heiliger Friede: der Stab Wehe war wieder von ihnen genommen.

Franz Kafka

Der plötzliche Spaziergang

Wenn man sich am Abend endgültig entschlossen zu haben scheint, zu Hause zu bleiben, den Hausrock angezogen hat, nach dem Nachtmahl beim beleuchteten Tische sitzt und jene Arbeit oder jenes Spiel vorgenommen hat, nach dessen Beendigung man gewohnheitsgemäß schlafen geht, wenn draußen ein unfreundliches Wetter ist, welches das Zuhausebleiben selbstverständlich macht, wenn man jetzt auch schon so lange bei Tisch stillgehalten hat, dass das Weggehen allgemeines Erstaunen hervorrufen müsste, wenn nun auch schon das Treppenhaus dunkel und das Haustor gesperrt ist, und wenn man nun trotz alledem in einem plötzlichen Unbehagen aufsteht, den Rock wechselt, sofort straßenmäßig angezogen erscheint, weggehen zu müssen erklärt, es nach kurzem Abschied auch tut, je nach der Schnelligkeit, mit der man die Wohnungstür zuschlägt, mehr oder weniger Ärger zu hinterlassen glaubt, wenn man sich auf der Gasse wiederfindet, mit Gliedern, die diese schon unerwartete Freiheit, die man ihnen verschafft hat, mit

besonderer Beweglichkeit beantworten, wenn man
durch diesen einen Entschluss alle Entschlussfähig-
keit in sich gesammelt fühlt, wenn man mit größerer als der gewöhnlichen Bedeutung erkennt, dass
man ja mehr Kraft als Bedürfnis hat, die schnellste
Veränderung leicht zu bewirken und zu ertragen,
und wenn man so die langen Gassen hinläuft –
dann ist man für diesen Abend gänzlich aus seiner
Familie ausgetreten, die ins Wesenlose abschwenkt,
während man selbst, ganz fest, schwarz vor Um-
rissenheit, hinten die Schenkel schlagend, sich zu
seiner wahren Gestalt erhebt. Verstärkt wird alles
noch, wenn man zu dieser späten Abendzeit einen
Freund aufsucht, um nachzusehen, wie es ihm geht.

Joseph Roth

Spaziergang

Was ich sehe, ist der lächerlich unscheinbare Zug im Antlitz der Straße und des Tages. Ein Pferd, das mit gesenktem Kopf in den gefüllten Hafersack sieht, vor eine Droschke gespannt ist und nicht weiß, dass Pferde ursprünglich ohne Droschken zur Welt gekommen sind; ein Kind am Straßenrande, das mit Murmeln spielt und dem zweckmäßigen Wirrwarr der Erwachsenen zusieht und, vom Trieb zur Nutzlosigkeit erfüllt, nicht ahnt, dass es die Vollkommenheit der Schöpfung bereits darstellt, sondern sich im Gegenteil nach Erwachsensein sehnt; einen Schutzmann, der sich einbildet, absoluter Ruhepunkt im Wirrsal des Geschehens zu sein und die Säule irgendeiner ordnenden Macht. Feind der Straße und hierhergestellt, um sie zu bewachen und den schuldigen Tribut an Ordnungssinn von ihr einzukassieren. Ein Mädchen sehe ich im Rahmen eines offenen Fensters, Bestandteil der Mauer und voll Sehnsucht nach Befreiung aus der Umklammerung der Wand, die ihre Welt ist. Einen Mann, der tief in die Schatten eines winkelreichen Platzes gedrückt, Papierschnitzel sammelt und Zigarettenstummel. Eine Litfasssäule an der Spitze der Straße, Motto dieser Straße, mit einem kleinen Wind-Gesinnungsfähnchen an der Spitze. Einen dicken Herrn mit Zigarre und im hellen Sakko, der aussieht wie der verkörperte Fettfleck eines Sommertags. Eine Caféterrasse mit bunten Damen bepflanzt, die warten, bis sie gepflückt werden. Kellner in weißen Gewändern, Portiers in blauen, Zeitungsverkäufer, ein Hotel, einen Liftboy, einen Neger.

Was ich sehe, ist der alte Mann mit der dünnen Fisteltrompete aus Blech am Kurfürstendamm. Ein Bettler, dessen Tragik auf ihren Besitzer deshalb so aufmerksam macht, weil sie unhörbar ist. Manchmal ist die Fisteltrompete, die kleine Trompete aus weißem Blech, stärker, wirkungsvoller als der ganze Kurfürstendamm. Und die Handbewegung eines Kellners auf der Caféterrasse, der eine Fliege totschlagen will, ist inhaltsreicher als die Schicksale aller Caféterrassengäste. Es gelang der Fliege zu entkommen, und der Kellner ist enttäuscht. Warum bist du der Fliege feind, o Kellner? Ein Invalide, der eine Nagelfeile gefunden hat. Jemand, eine Dame, hat die Nagelfeile verloren, an der Stelle, wo der Invalide sitzt. Nun beginnt der Bettler, seine Nägel zu feilen. Mit diesem Zufall, der ihm eine Nagelfeile in die Hand gespielt hat, und durch diese geringfügige Handlung des Nagelfeilens hat er symbolisch tausend soziale Stufen übersprungen. Ein Hund, der einem fliegenden Kinderball nachhetzt und vor dem leblos liegenden Gegenstand haltmacht und nicht begreifen kann, wie so ein dummes hirnloses Gummiding lebendig und witzig hüpfen kann, ist ein Held eines Augenblicksdramas. Nur die Kleinigkeiten des Lebens sind wichtig.

Was kümmert mich, den Spaziergänger, der die Diagonale eines späten Frühlingstages durchmarschiert, die große Tragödie der Weltgeschichte, die in den Leitartikeln der Blätter niedergelegt ist? Und nicht einmal das Schicksal eines Menschen, der ein Held sein könnte einer Tragödie, der sein Weib verloren hat oder eine Erbschaft angetreten oder seine Frau betrügt oder überhaupt mit irgendetwas Pathetischem in Zusammenhang steht. Jedes Pathos ist im Angesicht der mikroskopischen Ereignisse verfehlt, zwecklos verpufft. Das Diminutiv der Teile ist eindrucksvoller als die Monumentalität des Ganzen. Ich habe keinen Sinn mehr für die weite, allumfassende Armbewegung des Weltbühnenhelden. Ich bin ein Spaziergänger.

Vor einer Litfasssäule, auf der Tatsachen, wie zum Beispiel Manoli-Zigaretten, so groß angekündigt sind, als wären sie ein Ultimatum oder ein *Memento mori*, verliere ich den Respekt. Irgendwie, glaube ich, offenbart sich da die Zwecklosigkeit eines Ultimatums und einer Zigarette in der Art, in der beide zum Ausdruck kommen. Was sich groß ankündigt, ist gering an Gehalt und Gewicht. Und ich denke, dass nichts in dieser Zeit ist, was sich nicht groß ankündigte. Darin besteht ihre Größe. Ich sehe die Typographie zur Weltanschauung entwickelt. Das Wichtigste und das minder Wichtige und das Unwichtige sind nur wichtig, minder wichtig, unwichtig *erscheinende* Angelegenheiten. Nur aus ihrem Bild lesen wir den Wert ab, nicht aus ihrem Wesen. Das Ereignis der Woche ist dasjenige, das durch Druck, Geste, ausholende Armbewegung zum Ereignis der Woche ernannt wurde. Nichts *ist,* alles heißt. Vor dem Sonnenglanz aber, der rücksichtslos über Wand, Straße, Schiene sich ausbreitet, in Fenster hineinstrahlt, aus Scheibenglas tausendfach geballt zurückstrahlt, verschwindet das aufgeplusterte Unwesentliche. Unwesentlich, glaube ich (durch den Druck, durch die Typographie als herrschende Weltanschauung irregeführt), ist alles, was wir wichtig und voll nehmen: die Manoli-Zigarette und das Ultimatum.

Am Ende der Stadt aber, wo, wie ich gehört habe, die Natur beginnen soll, ist nicht sie da, sondern die Lesebuch-Natur. Ich glaube, auch über die Natur ist zu viel schon gedruckt worden, als dass sie hätte bleiben können, was sie gewesen ist. An ihrer Stelle steht, breitet sich in der Umgebung der Städte die Begriff-Natur, der Naturbegriff, aus. Eine Frau, die am Waldrand einen zur Vorsicht für alle Fälle mitgenommenen Regenschirm vor die Augen hält, weitebetrachtend auf einen Fleck stößt, der ihr aus einem Wandgemälde bekannt vorkommt, ruft aus: »Wie gemalt!« Das ist die Unterstellung eines feststehenden eng umgrenzten, wohlbeschriebenen Begriffs von der Natur als Malermodell. Die Unterstellung ist nicht so selten. Denn auch unser Verhältnis zur Natur ist ein unwahres geworden. Sie hat nämlich einen Zweck bekommen. Ihre Lebensaufgabe ist unser Amüsement. Sie besteht nicht mehr ihretwegen. Sie besteht eines Zweckes wegen. Sie hat im Sommer Wälder, in denen man schlummern kann, Seen zum Rudern, Wiesen zum Abgebranntwerden, Sonnenuntergänge zum Entzücken, Berge für die Touristik und Schönheiten für den Fremdenverkehr. Sie kam in den Baedeker.

Aber was ich sehe, kam nicht in den Baedeker. Was ich sehe, ist das unerwartet plötzliche, ganz grundlose Auf- und Abschwingen einer Mückenschar um einen Baumstamm. Der Schattenriss eines holzbeladenen Menschen auf dem Wiesenpfad. Die dünne Physiognomie eines Jasminzweiges, über den Gartenmauerrand gelehnt. Das Verzittern einer fremden Kinderstimme in der Luft. Die unhörbare schlafende Melodie eines fernen, vielleicht sogar unwirklichen Lebens.

Menschen, die ich zum Naturgenuss wandern sehe, begreife ich nicht. Der Wald ist keine Diele. »Erholung« ist keine Notwendigkeit, wenn sie das bewusste Ziel des Wanderers ist. Die »Natur« ist keine Einrichtung.

Der Westeuropäer wandert in die »Natur« hinaus, wie er zu einem Kostümfest geht. Er hat ein Lodenjoppenverhältnis zur Natur. Ich sah Männer wandern, die Buchhalter sind. Sie brauchten keine Stöcke. Der Boden ist so eben und sanft, dass ein mäßiger Federhalter genügen würde. Er sieht aber nicht, der Mensch, den sanften, ebenen Boden. Er sieht »Natur«. Wenn er segeln wollte, so würde er vermutlich einen weißen Anzug aus Rohseide tragen, Erbstück seines Großvaters, der auch segelte. Er hört nicht den Plätscherklang der Welle und weiß nicht, dass wichtig das Zerplatzen einer Wasserblase ist. An dem Tage, an dem die Natur ein Kurort wurde, war's aus.

Infolge aller dieser Tatsachen ist mein Spaziergang der eines Griesgrams und vollständig verfehlt.

Eduard Mörike

Wanderlied

Entflohn sind wir der Stadt Gedränge:
Wie anders leuchtet hier der Tag!
Wie klingt in unsre Lustgesänge
Lerchensang
hier und Wachtelschlag!
Nun wandern wir und lassen gerne
Herrn Griesgram zu Haus;
Ein frischer Blick dringt in die Ferne
Nur immer hinaus!
Wir wandern bis der späte Abend taut,
Wir rasten bis der Morgen wieder graut.

Man lagert sich am Schattenquelle,
Wo erst das muntre Reh geruht;
Aus hohler Hand trinkt sich der helle
Kühle Trank
wohl noch eins so gut,
Nun wandern wir usw.

Franz Hessel

Die Kunst spazieren zu gehn

Diese altertümliche Fortbewegungsform auf zwei Beinen sollte gerade in unserer Zeit, in der es so viel andre zweckmäßigere Transportmittel gibt, zu einem besonders reinen zweckentbundenen Genuss werden. Zu deinen Zielen bringen dich die privaten und öffentlichen Benzinvulkane und andre Vehikel. Für deine Gesundheit magst du das sogenannte Footing machen, diese Art beschwingteren Exerzierens, bei dem man so damit beschäftigt ist, die Bewegungen richtig auszuführen und mit richtigem Atmen zu verbinden, dass man nicht dazu kommt, gemächlich nach rechts und links zu schauen. Spazierengehn ist weder nützlich noch hygienisch, es ist ein Übermut, wie – nach Goethe – das Dichten. Es ist wie jedes Gehen und mehr als jedes andre Gehen zugleich ein Sichgehenlassen: man fällt von einem Fuß auf den andern und balanciert diesen Vorgang. Kindertaumel ist in unserm Gehen und das selige Schweben, das wir Gleichgewicht nennen.

Ich darf in diesen ›ernsten Zeiten‹ das Spazierengehn getrost empfehlen. Es ist wirklich kein spezifisch bürgerlich-kapitalistischer Genuss. Es ist ein Schatz der Armen und fast ihr Vorrecht. Gegen den zunächst berechtigt erscheinenden Einwand der Beschäftigten: »Wir haben keine Zeit, spazieren zu gehn!«, mache ich dem, der diese Kunst erlernen oder nicht verlernen möchte, den Vorschlag: Steige gelegentlich auf deinen Wegen eine Station vor dem Ziel aus dem Autobus oder Auto und ergehe dich ein paar Minuten. Wie oft bist du zu früh am Ziel und musst eine öde Wartezeit in Büros und Vorzimmern mit Zeitungslektüre und Ungeduld verbringen. Mach Ferien des Alltags aus solchen Minuten und flaniere ein Stück Wegs. In jedem von uns lebt ein heimlicher Müßiggänger, der seine leidigen Beweggründe bisweilen vergessen und sich grundlos bewegen will. Dem wird die Straße ein Wachtraum, Schaufenster sind ihm nicht Angebote, sondern Landschaften, Firmennamen, besonders die Doppelnamen mit dem so Verschiedenes verbindenden & in der Mitte werden ihm mythologische Gestalten und Märchenpersonen, die Anschläge an Häusern und Hauseingängen kuriose, erheiternde oder grausige Abkürzungen des Lebens und Treibens. Keine Zeitung liest sich so spannend wie die leuchtende Wanderschrift, die dachentlang über Reklameflächen gleitet. Und das Verschwinden dieser Schrift, die man nicht zurückblättern kann wie ein Buch, ist ein augenfälliges Symbol der Vergänglichkeit – einer Sache, die der echte Genießer immer wieder gern eingeprägt bekommt, um die Wichtigkeit & Einzigkeit seines zwecklosen Tuns im Bewusstsein zu behalten.

Ich schicke dich zeitgenössischen Spaziergangsaspiranten nicht in fremde Gegenden und zu Sehenswürdigkeiten. Besuche deine eigne Stadt, spaziere in deinem Stadtviertel, ergehe dich in dem steinernen Garten, durch den Beruf, Pflicht und Gewohnheit dich führen. Erlebe im Vorübergehn die Geschichte von ein paar Dutzend Straßen. Beobachte ganz nebenbei, wie sie einander das Leben zutragen und wegsaugen, wie sie abwechselnd oder fortfahrend stiller und lebhafter, vornehmer und ärmlicher, kompakter und bröckliger werden, wie alte Gärten sich inselhaft erhalten oder von nachbarlichen Brandmauern bedrängt absterben. Erlebe, wie und wann die Straßen fieberhaft oder schläfrig werden, wo das Leben zum stoßweis drängenden Verkehr, wo es zum behaglich drängelnden Betrieb wird. Lern Schwellen kennen, die immer stiller werden, weil immer seltener fremde Füße sie beschreiten und sie die bekannten, die täglich kommen, im Halbschlaf einer alten Hausmeisterin wiedererkennen. Und neben all diesem Bleibenden oder langsam Vergehenden bietet sich deiner

Wanderschau und ambulanten Nachdenklichkeit
die Schar der vorläufigen, provisorischen Baulich-
keiten, der Abbruchsgerüste, Neubauzäune, der
Bretterverschläge, die zu leuchtenden Farbflecken
werden im Dienst der Reklame, zu Stimmen der
Stadt, zu Wesen, die rufend und winkend auf dich
einstürmen, während die alten Häuser von dir
wegrücken. Und hinter den Latten, durch Lücken
sichtbar, Schlachtfelder aus Steinen, widerstands-
lose Massen von Material, in welche eiserne Krane
und stählerne Hebel greifen.

Verfolge *en passant* die Lebensgeschichte der
Läden und der Gasthäuser. Lern das Gesetz, das
einen abergläubisch machen kann, von den Stätten,
die kein Glück haben, obwohl sie günstig gelegen
scheinen, den Stätten, wo die Besitzer und die Art
des Feilgebotenen immer wieder wechseln. Wie
sie sich, wenn ihnen der Untergang droht, fieberhaft übertreiben, diese Läden, mit Ausverkauf,
aufdringlichem Angebot und großgeschriebenen
niedrigen Preisen! Wie viel Schicksal, Gelingen
und Versagen kannst du von Warenauslagen und
Speisekartenpreisen ablesen, ohne dass du durch
Türen trittst und Besitzer und Angestellte siehst. Ja,
was da liegt, hängt, zu lesen ist, sagt dir oft mehr
als Worte und Benehmen der Menschen. Und da
komm ich auf ein wichtiges Erlebnis des Spazier-
gängers: Er braucht nicht einzutreten, er braucht

sich nicht einzulassen. Ihm genügen Schaufenster und das Schauspiel der Aus- und Eingänge. Von Aufschriften liest er das Leben ab. Und wenn er aufblickt und wegblickt von den Dingen, sagen ihm auch die Gesichter der vorübergehenden Unbekannten mit einmal mehr.

Es ist das unvergleichlich Reizvolle am Spazierengehn, dass es dich ablöst von deinem mehr oder weniger leidigen Privatleben. Du verkehrst, du kommunizierst mit lauter fremden Zuständen und Schicksalen. Das merkt der echte Spaziergänger an dem merkwürdigen Erschrecken, das er verspürt, wenn in der Traumstadt seines Flanierens ihm plötzlich ein Bekannter begegnet und er dann mit jähem Ruck wieder ganz einfach ein feststellbares Individuum ist.

Das Spazierengehn ist nur selten eine gesellige Angelegenheit wie etwa das Promenieren, das wohl früher einmal (jetzt nur noch in Städten, wo es eine Art Korso gibt) ein hübsches Gesellschaftsspiel, eine reizvolle theatralische oder novellistische Situation gewesen sein mag. Es ist gar nicht leicht, mit einem Begleiter spazieren zu gehn. Nur wenige Leute verstehen sich auf diese Kunst. Kinder, diese sonst in vielem vorbildlichen Geschöpfe, machen aus dem Spazieren ein Unternehmen mit heimlichen Spielregeln, sind so beschäftigt, beim Beschreiten des Pflasters das Berühren der Randflächen und sandigen Ritzen zu vermeiden, dass sie nicht aufschauen können; oder sie benutzen die Reihenfolge der Dinge, an denen sie vorbeikommen, zu seltsam abergläubischen Berechnungen, sie trödeln oder eilen, sie gehn nicht spazieren. Leute, die berufsmäßig beobachten, Maler und Schriftsteller, sind oft sehr störende Begleiter, weil sie ausschneiden und umrahmen, was sie sehn, oder es ausdeuten und umdeuten, auch zu plötzlich stehn bleiben, statt das Wanderbild wunschlos in sich aufzunehmen. Und so bist du echter Spaziergänger meist allein und musst dich hüten, zu der düstern Romanfigur zu werden, die ihr eignes Leben von den Häuserkulissen abliest, wenn sie mit melancholisch hallenden Schritten die Straße durchmisst, um dem Autor des Buches zur Exposition seiner Geschichte Gelegenheit zu geben.

Der richtige Spaziergänger ist wie ein Leser, der ein Buch nur zu seinem Zeitvertreib und Vergnügen liest – ein selten werdender Menschenschlag heutzutage, da die meisten Leser in falschem Ehrgeiz wie auch die Theaterbesucher sich für verpflichtet halten, ihr Urteil abzugeben (ach das viele Urteilen! Selbst die Kunstrichter sollten lieber weniger urteilen und mehr besprechen. Schön wär's, wenn Kritiker, was sie behandeln, besprechen könnten wie Zauberer die Krankheiten).

Also eine Art Lektüre ist die Straße. Lies sie.

Urteile nicht. Finde nicht zu schnell schön und hässlich. Das sind ja alles so unzuverlässige Begriffe. Lass dich auch täuschen und verführen von Beleuchtung, Stunde und dem Rhythmus deiner Schritte.

Werde Menge. Schließ dich zeitweilig Umzügen an. Mach Aufläufe mit. Wenn gerade irgendwo Geschäftsschluss oder das Theater aus ist, so bleib ein Weilchen stehn, als erwartetest du jemanden. Solche gespielte Absicht entrückt dich nicht der schönen Zwecklosigkeit deines Tuns.

Bei langem Gehn bekommst du nach einer ersten Müdigkeit neuen Schwung. Dann trägt das Pflaster dich mütterlich, es wiegt dich wie ein wanderndes Bett. Und was du alles siehst in diesem Zustand angeblicher Ermattung! Was dich alles ansieht! Immer vertrauter wird mit dir die Straße. Sie lässt ihre älteren Zeiten durchschimmern durch die Schicht Gegenwart. Was kannst du da, sogar in unserem Berlin, erleben in gar nicht offiziell historischen Gegenden. Ich brauche dich nicht in den Krögel oder nach Altkölln zu schicken.

Noch einen Rat: es empfiehlt sich, nicht ganz ziellos zu gehn. Du wunderst dich nach dem, was ich bisher gesagt habe, über diese Äußerung? Aber auch in dem *Aufs Geratewohl* gibt es einen Dilettantismus, der ungünstig ist. Beabsichtige, irgendwohin zu gelangen. Vielleicht kommst du in angenehmer Weise vom Wege ab. Aber der Abweg setzt immer einen Weg voraus. Wenn du unterwegs etwas ansehn willst, geh nicht zu gierig darauf los. Sonst entzieht es sich dir. Lass ihm Zeit, auch dich anzusehn. Es gibt ein Aug in Aug auch mit den sogenannten Dingen. Wohingegen es sich bei Menschen oft empfiehlt, sie ungesehen anzuschauen. Da geben sie ungewollt Leben her, das sie im streitbaren Treffen der Blicke verteidigend vorenthalten.

Da habe ich nun immer nur vom Spazieren in der Stadt gesprochen. Nicht von der merkwürdigen Zwischen- und Übergangswelt: Vorstadt, Weichbild, Bannmeile mit all ihrem Unaufgeräumten, Stehengebliebenen, mit den plötzlich abschneidenden Häuserreihen, mit Schuppen, Lagern, Schienensträngen, mit dem Laubhüttenfest der Schrebergärten. Aber da ist schon der Übergang zum Lande und zum Wandern. Und das Wandern ist wieder ein ganz andres Kapitel aus der Schule des Genusses. Schule des Genusses? Ja, in die müssten wir wieder gehn. Eine schwere Schule, eine holde und strenge Zucht. Am Ende aber gibt es sie gar nicht; und wenn man sie zu gründen versuchte, es käme ein schrecklicher *Ernst des Lebens* dabei heraus.

Laurie Lee

Schluss mit dem
blödsinnigen Laufen

Am Nachmittag war ich schon weit draußen in der
Ebene, inmitten eines flimmernden Hitzeschleiers;
ich wanderte auf einer weißen staubigen Straße
dahin, die schnurgerade wie ein Kanal zwischen
schimmerndem Weizen und Mohn verlief. Kilometerweit sah ich weder Mensch noch Tier; die
Welt schien ausgebrannt, verdorrt und tot zu sein,
und die blendend helle Straße, die sich zum Horizont hin verengte, begann mir seltsame Bilder vor-
zugaukeln. Mir war, als verfolgte mich ein bren-
nender Reifen, den ich mit jedem Tritt hinter mich
stieß, mit versengten und blasenübersäten Füßen,
ohne doch auch nur einen Zentimeter voranzu-
kommen, für immer und ewig an diesen drückend
heißen Flecken Erde gebannt. Stundenlang, so
kam mir vor, hatte ich dieselbe Mohnblume neben
mir und dasselbe Büschel raschelnden Weizens,
dieselbe goldschimmernde Eidechse, die vor meinen Füßen vorüberhuschte, denselben Ameisen-
haufen an der Böschung. Der dicke lautlose Staub,

den eher die flirrende Hitze als ein sich regendes Lüftchen aufrührte, kroch mir in die Sandalen und zwischen die Zehen, legte sich wie Raureif auf meine Lippen und Wimpern und fiel in die atemlosen Kelche der Mohnblüten am Weg, um sie mit einer kühlen Illusion von Schnee zu erfüllen. Rings um mich war Schweigen, tiefes und betäubtes Schweigen, bis auf das körnige Rascheln des Weizens.

Ich ging mit gesenktem Kopf und wagte nicht, in den Himmel zu schauen, der jetzt wie eine einzige ungeheure Sonne war.

In dieser Weizenebene von Zamora bekam ich den ersten Vorgeschmack auf die spanische Hitze – jenen Löwen mit Messingklauen, der die nachmittäglichen Gefilde ableckt, bereit, jeden zu verschlingen, der nicht klug genug ist, sich zu verstecken. Seiner rauen Zunge ausgesetzt, lernte ich sehr schnell eine der offensichtlichen Wahrheiten des Sommers kennen, nämlich, dass kein Mensch, Vierfüßler oder Vogel, ja auch nur wenige Insekten, sich um diese Tageszeit viel bewegen.

Gegen fünf Uhr, nach vier Stunden auf der Straße, sah ich endlich einen Bruch in der Landschaft – ein Dorf aus rotem Lehm, trocken wie die Erde, die es umgab, und so kompakt wie ein Termitenbau. Ich habe seinen Namen vergessen und kann auch auf der Landkarte an dieser Stelle nichts finden, aber es tauchte gerade im richtigen Moment auf.

Ich stolperte aus dem Weizenfeld auf dieses abendliche Dorf zu und fand es träge unter dem Joch der Ernte. Die Sonne stand schon tief, und ein kupferner Staub erfüllte die Luft, den glimmende Lichtstrahlen zerrissen. Auf einem freigeräumten Platz an der Straße waren die Männer beim Dreschen, sie ließen kleine Schlitten über die verstreuten Garben gleiten, mit einem Maultier davor, dessen Schmuck aus Laubgirlanden die müden Fliegen fernhalten sollte. Frauen und Mädchen, die in breitkrempigen Hüten und mit Schleiern geheimnisvoll wie minoische Tänzerinnen aussahen, standen in anmutigen Kreisen und trennten die Spreu vom Weizen, sie warfen und fingen das Getreide, einem goldenen Sprühregen gleich. In der rhythmischen Bewegung ihrer Tätigkeiten und von Kopf bis Fuß wie vergoldet, drängten sich die Dorfbewohner um den Dreschboden wie ein Schwarm sommerträchtiger Bienen.

Manche von ihnen riefen mir einen Gruß zu, als ich mich näherte, die Frauen hielten inne und schauten; dann kamen die Kinder aus den Gassen gerannt, umkreisten mich und führten mich lärmend ins Dorf.

»Seht den Fremden an«, schrien sie, als wäre ich ihr Werk. »Schaut euch den Blonden an, der heute gekommen ist!« Sie äfften meinen Gang nach, lachten und winkten und führten mich endlich in das Dorfwirtshaus.

Es war ähnlich wie die anderen, mit einem großen eichenen Tor. Die Kinder stießen es auf und wichen artig beiseite. Nickend und strahlend, mit freudigem, ermunterndem Lächeln, deuteten sie mir, ich solle hineingehen.

Ich ging also hinein und fand den üblichen geräumigen Schuppen vor, mit frisch begossenen Blumen behängt. Ein paar niedrige Stühle standen längs der Wände, und in der Ecke war ein Tisch und ein gekachelter Ofen. Alles war kalt und nackt. Hühner pickten auf dem Fußboden, und Schwalben flitzten unter der hohen gewölbten Decke hervor.

Eine Frau in mittleren Jahren saß direkt hinter der Tür und arbeitete an einem Stück Spitze. Sie war dick, aber hübsch, mit den strengen nachdenklichen Augen und dem selbstsicheren Mund der Matriarchin. Die Kinder drängten sich im Eingang zusammen und sahen mich erwartungsvoll an, als wäre ich ein Feuerwerk, das demnächst losgehen müsse; und die Kleinsten im Hintergrund sprangen auf und ab, um mehr sehen zu können. »Doña María!«, schrien sie. »Wir haben Ihnen einen Franzosen gebracht. Doña María, schauen Sie ihn an!«

Die Frau legte ihre Handarbeit weg und dankte

ihnen freundlich, um sie dann mit einem lauten
Schrei auf die Straße zu scheuchen. Danach betrachtete sie mich einen Augenblick über ihre
Nickelbrille hinweg und sagte dann: »Ruhen Sie
sich aus, ich werde Ihnen etwas zu essen bringen.«

Ich ließ mich auf den Stuhl fallen, mit dem Kopf
auf den Armen, und lauschte genüsslich den Bewegungen der Frau: dem Klappern der Pfanne auf
dem Feuer, dem Knacken einer Eierschale, dem
Zischen heißen Öls. Schweiß tropfte mir aus dem
Haar und lief mir über die Hände, und mein Kopf
schwamm vor Hitze, durchpulst von Visionen des
weißen staubigen Weges und der messinggelb glei-
ßenden Felder.

Gleich darauf stellte die Frau ein paar Spiegeleier
vor mich hin und schenkte mir ein Glas Rotwein
ein. Dann kehrte sie zu ihrer Handarbeit zurück,
ein Mädchen gesellte sich zu ihr, und miteinander
saßen sie da und sahen mir zu. In diesem großen
kahlen Raum unter den herabtauchenden Schwalben aß ich das Ehrenmahl des Fremdlings, während die Frauen sich mit leisen samtenen Stimmen
unterhielten und ihre Nadeln wie silberne Fisch-
chen flitzten.

Als es dämmerte, kam ein alter Mann vom Dreschen herein und schüttelte die Spreu aus dem
Haar. Er schenkte sich Wein ein und setzte sich an
den Tisch.

»Was gibt's?«, fragte er die Frau.

Sie ließ die Hände in den Schoß fallen und sah mich wieder an, scharf aber wohlwollend. »Ah«, sagte sie. »Er kommt von irgendwo weit her. Ein armer Teufel, der zu Fuß durch die Welt zieht.«

Der Mann füllte mein Glas nach und deutete mit dem Daumen zu seinem Mund. »Trinken Sie, das gibt Ihnen Kraft.«

»Wollen Sie heute Nacht hier schlafen?«, fragte Doña María nach einer Weile.

»Wie viel?«

»Für einen Strohsack – zwei Pennies.«

»Gut«, sagte ich. »Dann schlafe ich mit Ihnen.«

»Nein – Sie schlafen auf dem Sack.«

Der alte Mann schnaubte, das Mädchen bedeckte sein Gesicht und die Frau reckte ihre Hände. Dann hob sie mit einem Zungenschnalzen ihren massigen Körper vom Stuhl und ging leichtfüßig auf den Ofen zu.

Zwei staubige junge Männer kamen durch die offene Tür, sie führten ein Schwein und ein Schaf an einem Strick. »Meine Söhne«, sagte die Frau. Sie gossen sich Wasser über die Köpfe und füllten dann den Trog für die Tiere. Mutter und Tochter deckten den Tisch zum Abendbrot, während der alte Mann mir immer wieder Wein nachschenkte. Dann, nach einem kurzen Tischgebet, begann die Familie zu essen.

Der Abend war schwül und rauchig. Man hatte die Lampe angezündet und das große Tor geschlossen. Allmählich gewöhnte ich mich an die spanische Lebensweise, die an das England von vor zweihundert Jahren erinnerte. Dieses Haus enthielt, wie so viele andere, die ich bereits gesehen hatte, einzig und allein das, was zum Leben gebraucht wurde – keine überflüssigen Möbel, keine unnötige Dekoration –, es war in sich geschlossen wie die Arche Noah. Töpfe, Pfannen, die Stühle und Tische, die Krippe und der Wassertrog, all das war aus Holz, Stein oder Ton, einfach geformt und blank wie Werkzeug. Wenn der Tag zu Ende ging, ließen Türen und Fenster alle Geschöpfe ein, die zur Familie gehörten; Vater, Sohn, Tochter, Cousin, Esel, Schwein, Henne, selbst die Zwergmaus und die im Hause nistenden Schwalben – alles ruhte beisammen, sobald die Dunkelheit einfiel.

So war es auch mit uns in diesem namenlosen Dorf; die Nacht erwischte uns geborgen in dem glühenden Stall, Familie und der Fremde um den langen kahlen Tisch versammelt beim Geruch des Holzfeuers, des Essens und der Tiere. Über die weiß getünchten Wände flackerten die Schatten von Mensch und Tier ungeheuer wie urzeitliche Geister, die seit den Höhlentagen in den Winkeln unserer Phantasie ihr Unwesen trieben, und die das elektrische Licht vernichtet hat.

Wir saßen dicht beieinander, die Männer trinkend und rauchend, die Ellbogen zwischen den leeren Tellern aufgestützt. Es war die kurze, träge Spanne zwischen Arbeit und Schlaf, in der der Tag nur noch im Schwatzen weiterlebte. Doña María, die ein zerrissenes Zaumzeug flickte, beherrschte den Tisch mit ihrer vollen, warmen Stimme; sie erzählte Geschichten, die für mich – leider – unverständlich waren, den anderen aber vertraut zu sein schienen. Der alte Mann war eine regungslose Maske inmitten der Schatten, auch wenn er manchmal beim Lachen einen einzigen Zahn aufblitzen ließ. Die Söhne saßen nahe bei mir, stupsten mich freundlich in die Rippen und nickten jedes Mal mit dem Kopf, wenn die Mutter einen Spaß machte. Die Tochter saß dicht neben der einzigen Lampe, vergrub ihre Finger in der Näharbeit und hörte zu; wobei sie immer wieder ihre großen arabischen Augen aufschlug, und meinem verständnislosen Blick begegnete.

Ich war nun halb betrunken und fühlte mich wie ein einziges Lagerfeuer, voll von dumpfem Rauch und gestauter Hitze. Meine Augen waren rettungslos an diesen kleinen hübschen Brüsten vor Anker gegangen, hingen melancholisch an deren Heben und Senken, bis das Mädchen vor mir auf den Wellen ihres Atems zu treiben schien, nackt wie eine Negerin in ihrem engen schwarzen Kleid.

Doch die Brüder umringten mich, und Doña María hockte sich auch dazu und beobachtete mich mit argwöhnischer Nachsicht. So saß ich und schwebte in meiner trägen Feuersbrunst und bastelte im Geiste Sätze zusammen, die ich dann zum höflichen Staunen der Familie langsam vorbrachte wie eine Leine schlecht geknoteter Flaggen.

Plötzlich erblickte einer der Söhne meine zusammengerollte Decke, aus der die Geige herausschaute. »Música!«, rief er, holte das Bündel und legte es auf den Tisch.

»Ja, Mann«, sagte die Mutter. »Kommen Sie, unterhalten Sie uns ein bisschen. Spielen Sie uns ein kleines Lied.«

Der alte Mann wachte auf, und die Tochter legte die Näherei nieder, hob den Kopf und lächelte sogar.

Da gab es keine Ausrede. Ich setzte mich auf den Boden und stürzte mich betrunken in einen irischen Tanz. Sie lauschten mit offenen Mündern und wussten sich keinen Reim darauf zu machen; ich hätte ebenso gut eine tibetische Gebetsmühle drehen können. Dann versuchte ich es mit einem wirre Fandango, den ich in Zamora aufgeschnappt hatte, und jetzt verstanden sie und wurden plötzlich lebendig. Das Mädchen richtete sich auf, die Jungen packten eine Handvoll Löffel und fingen an, sich damit auf die Knie zu schlagen, und die Frau sprang auf und begann auf den Boden zu stampfen, dass sich dichte Staubwolken um mich erhoben. Der alte Mann wollte dem nicht nachstehen, er verließ den Schatten, stellte sich in Positur und trat der Frau gegenüber. Doña María, ganz Fleisch; er, dürr wie ein Strohhalm, begannen nun miteinander erbarmungslos um die Wette zu tanzen, während die Jungen mit ihren Löffeln hämmerten, die Frau »Ha!« rief und die Hennen gackernd unter den Tisch flohen.

Das war nicht mehr einfach nur ein derber Spaß unter älteren Leuten. Der alte Mann tanzte, als ginge es um sein Leben. Und die Frau war wie verwandelt, ihr großer, massiver Körper wurde zum Instrument einer wilden, doch beherrschten Kraft. Den Kopf zurückgeworfen, bewegte sie sich voll majestätischer Sicherheit, ihre Füße scharrten wie die eines Tieres auf dem Boden – sie stampfte und posierte rund um ihren kleinen hüpfenden Gatten, als wollte sie ihn der Vergessenheit zuführen.

Der Tanz dauerte nur kurz, aber so lange er dauerte, war sie ein ungezügeltes, gefährliches Weib. Dann fiel der alte Mann zurück, hob die Hände zum Zeichen des Aufgebens in die Höhe und zog sich keuchend in den Schutz der Wände zurück.

Die Frau blieb allein zurück, der Mantel der Verzauberung fiel von ihr ab und sie stand da wie ein kleines Mädchen, wischte sich den Schweiß vom Gesicht, kicherte und missbilligte ihre Vorführung, indem sie wie eine Henne kurze Gluckstöne ausstieß und erstaunt den Kopf schüttelte. »Das ist nichts für eine alte Frau. Mir tun die Knochen weh«, sagte sie.

»Zigeunerin!«, zischte der Mann aus dem Schatten.

Die Söhne baten mich, noch etwas zu spielen, und diesmal tanzten sie miteinander, die Arme eingehakt, ziemlich gelassen und steif. Die Tochter kam leise heran und setzte sich neben mich auf den Fußboden; meine Finger beobachtend, während ich spielte. Der Duft ihrer Nähe – eine Mischung aus Schweinefett und starkem, reinem Lavendel – umgab mich und setzte mir gewaltig zu.

Der Abend war anders verlaufen als üblich, und anscheinend hatte niemand Lust, schlafen zu gehen. So konnten wir also weiterfeiern. Das Mädchen wurde aufgefordert zu singen, und sie tat wie geheißen, mit einer natürlichen, ungekünstelten Stimme. Die Lieder waren schlicht und rührend und stammten wahrscheinlich aus der Gegend; ich hörte sie danach jedenfalls nie wieder. Sie sang sie unschuldig – oft holte sie mitten im Wort Luft wie ein Kind. Sie sah starr vor sich hin, sang ohne Bewegung und Ausdruck einfach ein Lied nach dem anderen und hörte dann auf – als habe sie keine Ahnung, worum es sich in diesen Liedern handle, die sie benutzten, um gehört zu werden.

Als das Singen vorbei war, saßen wir eine Weile schweigend da und hörten nur dem flackernden Summen der Lampe zu. Dann ächzte die Frau und begann zu sprechen, und die Burschen erhoben sich vom Tisch, holten die Matratzen und legten sich an der Wand nieder. »Sie schlafen hier«, sagte die Mutter. »Meine Söhne werden auf Sie aufpassen.« Sie zupfte wissend an einem Augenlid. »Komm jetzt«, fügte sie hinzu, und das Mädchen erhob sich von den Knien und folgte ihr rasch in einen anderen Teil des Hauses, während das alte zerknitterte Gesicht des Gatten so geräuschlos wie eine ausgeblasene Kerze verschwand. Ich machte mich für die Nacht bereit, streckte mich auf dem Boden aus, während die Jungen erst noch das Tor verriegeln gingen. Dann kamen sie wieder und legten sich, völlig bekleidet, rechts und links neben mich, leise ächzend, bis sie die richtige Lage gefunden hatten.

Die Burschen waren früh auf, schon gegen halb fünf, hustend stampften sie in der Scheune umher. Die Türen wurden aufgestoßen, damit die kalte rosige Dämmerung eindringen konnte, und die Tiere wurden hinaus ins Freie getrieben. Mir war der Kopf noch schwer vom Wein und ich hätte gern länger geschlafen, aber man ließ keinen Zweifel aufkommen, dass der Tag begonnen hatte, und bald war auch das

Mädchen zur Stelle und jagte mir mit ihrem Birken-
reisigbesen die Hühner über das Gesicht.

Ich erhob mich also vom Boden und schüttelte
das Stroh von den Kleidern, und das Mädchen trat
meine Matratze in eine Ecke. Dann führte sie mich
hinaus in den Hof, zeigte mir, wie die Pumpe funk-
tionierte, machte eine Geste, als seife sie sich das
Gesicht ein, gab mir ein Stück Seife, so hart wie
ein Stein, und ging dann fort, um das Herdfeuer
anzuzünden. Das Frühstück bestand aus einem
Keil trockenem Brot und einer Schale Kaffee, der
dick wie Suppe war und auf dem fette Klumpen
Ziegenmilch schwammen. Als ich das bewältigt
hatte, war es sechs Uhr, und das ganze Dorf war in
Bewegung. Durch den Rahmen des offenen Tores
sah ich große goldene Wagen die kopfsteingepflas-
terte Straße hinunterschwanken, gefolgt von sanft
trabenden Scharen quastengeschmückter Esel, deren Ohren die durchschimmernde Sonne rötete.

Als ich fertig war zum Weggehen, hörte ich
hinter mir jemanden schreien: »Wo ist er? Wo ist
der Fremde?« – und Doña María kam herausge-
stürzt, direkt aus dem Bett und ganz zerzaust; sie
schob mir eine Handvoll Feigen ins Hemd. »Ver-
lier kein Wort darüber. Kein Wort«, fauchte sie.
»Eine Nacht hat der Alte gehabt ...« Ich gab ihr
die Kupfermünzen, die ich ihr schuldete, und sie
sah diese, sie in der Hand wiegend, einen Augen-

blick zerstreut an, als wolle sie sie mir zurückgeben. Dann änderte sie ihre Meinung, steckte sie unter ihren Rock, klopfte mir auf den Rücken und sagte Lebewohl.

Unten am Fluss schöpften ein paar Mädchen unter einem Olivenbaum Wasser. Das Mädchen aus dem Gasthof war auch darunter, und ihre Stimmen klangen scharf, wie Messer, die auf Steinen klirren. Als ich den Pfad hinunterkam, hörte das Schwatzen auf, und sie wandten alle miteinander die Köpfe, um mich zu mustern. In dieser wachsam-überraschten Haltung, die an eine biblische Hirtenszene erinnerte, boten sie mir einen ganzen Strauß weit geöffneter Augen dar, gespannt und ausdruckslos wie die Augen von Kälbern, und auch ähnlich bedrückend. Ich tapste schnell vorbei, und keine rührte sich, aber ihre Augen folgten mir wie die Augen in einem Gemälde. Ich sehe noch die leeren glänzenden Pupillen vor mir wie Kieselsteine im Wasser. Das Mädchen aus dem Gasthaus verriet durch nichts, dass es mich kannte.

Als ich wieder in der Ebene war, den Kopf zum Straßenstaub gesenkt, legte ich einen Zahn zu, um den Morgen auszunutzen. Nicht, dass ich aus irgendeinem Grunde hätte eilen müssen, aber die Mädchen hatten mich doch so aus dem Gleichgewicht gebracht, dass ich glaubte, wenn ich eine Weile ordentlich marschierte, würde ich wieder zur

Ruhe kommen. Nach ein paar Stunden hielt ich, noch immer romantisch-melancholisch gestimmt, bei einem kleinen Wegkreuz an, auf dem geschrieben stand, dass an dieser Stelle ein zehnjähriger Junge von einem Wahnsinnigen umgebracht worden war; wer vorüberkam, sollte für beide beten.

Ich aß die kühlen grünen Feigen, die Doña María mir gegeben hatte, und ging noch einmal eine Stunde. Die Monotonie der Landschaft und der hohe Weizen rund um mich beschränkten meine Sicht auf nur wenige Meter, sodass ich völlig überrascht war, als plötzlich Toro vor mir auftauchte – eine alte, verwitterte Stadt mit roten Mauern, die sich oben auf einem mächtigen flachen Felsklotz ausbreitete. Die Ebene endete hier in einer Reihe geologischer Zuckungen, die riesenhafte Felsschollen aufgetürmt hatten, tiefrot gefärbt und groß wie Inseln, die sich unvermittelt wohl hundert Meter hoch erhoben. Toro, das auf einer der schroffsten hockte und längs des bröckelnden Grates verlief, sah aus wie getrocknetes Blut auf einem rostigen Schwert. Die Klippe fiel senkrecht zum Flussbett ab und war mit dem Schutt von Generationen übersät.

Als ich in der ruhigen Mittagshitze zur Stadt hinaufstieg, war ich darauf vorbereitet, sie verlassen vorzufinden oder eine öde Stätte wie Pompeji anzutreffen, die, vor langer Zeit durch einen verhängnisvollen Schicksalsschlag vernichtet, nur noch von Katzen und Eseln bewohnt wäre. Doch ganz im Gegenteil – obwohl die Stadt wirklich halb in Trümmern lag, brummte sie vor Leben, aus weiß getünchten Häusern quollen lärmende Familien, Kinder rannten durch die Löcher in den Wänden, betriebsame Läden und Cafés florierten hinter zerbrochenen Türen, und in den Straßen drängten sich elegante Spaziergänger.

Ich saß auf einem Stuhl vor dem Café Español und ließ die Parade an mir vorüberziehen. Ein jeder von den flanierenden jungen Männern war ein Möchtegerndandy, trotz der Hitze sorgfältig zugeknöpft; jedes Mädchen eine knusprige, frisch gewaschene Puppe, um den Hals und die Knie auffällig mit Spitzen geschmückt; es war seltsam, eine Mode, die an die Zeit König Edwards erinnerte, auf einer so ausgedörrten Felsenklippe in voller Blüte zu sehen. Die öffentliche Vorführung der eigenen Kleider war hier anscheinend das Wichtigste, und das trotz der Armut und des Verfalls der Stadt, in der noch der ärmlichste Blechschuppen seine makellose Debütantin hervorbrachte, die sich gleichmütig ihren Weg durch den Abfall suchte, von einem Kampfverband geschäftiger Tanten, die hinter den Kulissen nähten und bügelten, prächtigst herausgeputzt.

Während ich dasaß und schaute, näherte sich mir

ein magerer junger Mann, der sich seine Basken-
mütze vom Kopf riss und sich verbeugte. »Ich bin
Billete, mein Herr – zu Ihren Diensten«, sagte er,
stellte sich neben meinen Stuhl und wartete. Er
trug einen zerschlissenen blauen Anzug, der seine
Glieder wie Spinnweben bedeckte, und hielt einen
Block Eintrittskarten in der Hand.

Ich bot ihm etwas zu trinken an, und er setzte sich
neben mich, nicht ohne sich für die Unannehm-
lichkeit zu entschuldigen. Mit einem Glas Bier in
der Hand wurde er nun offiziell mein Freund und
erklärte mir die Szenerie vor mir. Er sprach langsam, sorgfältig und mit eisiger Distanz, während er
auf die vorübergehenden Dandys wies.

»Señoritos!«, sagte er. »Von der Universität in
Valladolid. Alles Anwälte oder Ärzte. Von denen
haben wir viele. Aber das hilft auch nichts. Wir
sind ruiniert und werden sterben.«

Sein Glas mit langen, spatelförmigen Fingern
umfassend, erzitterte er und blinzelte in die Sonne.
Warum ich nach Toro gekommen sei? Es war mein
gutes Recht, natürlich. Die Welt stand offen für
junge »Franzosen« wie mich. Heute Abend, sagte
er, werde die Stadt eine feierliche Prozession abhal-
ten; die müsse ich sehen, aber ich solle ihm verzei-
hen, dass er sie erwähnt habe.

Dann riss er sich zusammen. »Wir sind die be-
deutendste Stadt in der Ebene«, sagte er, »und auch

206

sehr fromm. Wir haben Heilige in der Kirche, schöner als alle anderen. Die Leute führen ein heiliges Leben ... Schauen Sie sich das an, zum Beispiel.« Er hob trübselig seinen Kopf und zeigte die Straße hinauf.

Ich sah ein zehnjähriges Kind, wie eine Braut gekleidet, zierlich den Fußweg entlangtrippeln – ein Hochzeitstortenpüppchen, überragt von einem Heiligenschein aus Blumen und mit Lilien in den weiß behandschuhten Händen. Sie kam in munterem Ernst einher, demütig-festen Blicks, begleitet von zwei dicken Frauen in Schwarz, und als die Sonne sie traf, erstrahlte sie wie eine Leuchtkugel in weißglühendem Licht.

»Sehen Sie sie an«, sagte Billete. »Wieder eine Jungfrau für die Karmeliterinnen. Fast jeden Tag wird eine geopfert.«

Die ganze Straße entlang wurde das Kind umarmt und begrüßt, während es die Augen niederschlug und seine Erregung unterdrückte; alte Männer nahmen den Hut ab, Mütter hoben ihm Babys entgegen, Kinder liefen hin und küssten es auf die Wange.

»Wir sind eine heilige Stadt, wie Sie sehen«, sagte mein Gefährte. »Unsere Mädchen heiraten Christus schon in der Wiege. Wo gehen sie hin? Sie verschwinden in den Untiefen der Kirche. Die hier werden wir nie wiedersehen.«

Es kann natürlich sein, dass er mir einen Bären aufband; wahrscheinlich war es nichts weiter als ihre erste Kommunion; doch als das Kind zwischen seinen schwarzen Begleiterinnen davontänzelte, schien es eine ungesunde Stimmung hinter sich zurückzulassen.

Den ganzen Nachmittag über döste ich hinter den Vorhängen des Cafés, wo ich mich vor der schlimmsten Hitze versteckte. Die Straßen waren jetzt leer, nur ein paar magere Hunde drückten sich an die Mauern, um ein Streifchen Schatten abzubekommen. Sonst war alles still und grellweiß, während die Sonne hoch über die Stadt aufstieg, Zerstörerin, Fäulniserregerin, Plündererin der Elendshütten und Ausbrüterin schwärmender Übel.

Beim ersten Abendhauch brach ich mit Billete auf, um mir die Burg am Rande der Stadt anzuschauen. »Maurisch«, erklärte er, ein Stück Schreckensherrschaft der Ungläubigen, das jetzt unaufhaltsam wieder zu Staub wurde. Er führte mich geschickt in den verwitterten Kerkern umher – »den Gräbern der Christen«, deren Gebeine, wie er sagte, sich jetzt in der Kirche befänden (und reichlich von Exkrementen umgeben waren). Hier näherte sich mir ein weiterer junger Mann, der erregt in den Trümmern herumgestochert hatte, eine schlanke weibische Gestalt mit einem Stock mit goldenem Knopf in der Hand und einer Aktenmappe unter dem Arm. Er hatte seine eigene, zierlich dahintänzelnde Sprache, eine Art Twostep aus Französisch und Englisch. Er war nicht aus Toro, o nein! – das war eine unzivilisierte Stadt. (Billete stand dabei und lauschte in eifersüchtigem Unverständnis.) Nein, er war ein Zeichenlehrer aus Valencia und nutzte seine Freizeit dazu, Zierschriften für Kirchen anzufertigen.

»Regard!«, sagte er schrill und öffnete seine Mappe, um einige besonders schaurige Beispiele seiner Kunst zu zeigen.

»*Das* ist meine Stärke. Aber heutzutage stehe ich damit allein auf weiter Flur …«

Während er an den verfallenden Wällen lehnte und auf den Fluss hinunterschaute, steigerte er sich in eine überschäumende Verbitterung hinein und klagte über das ruchlose Zeitalter, in dem zu leben er verdammt sei, zugleich aber auch über die Feigheit der modernen Kirche. Es gebe keinen guten Geschmack mehr, keine Ehrfurcht vor Zierschriften, zumindest nicht für so gottgefällige Arbeiten wie die seinen. Man ziehe die protzigen Imitationen der billigen Drucker in Madrid vor, die die Kirche wie Briefmarken en gros kaufe. Wo sind die Bischöfe und Kardinäle der alten Zeiten geblieben?, rief er, diese Mäzene frommer Künstler? Die heiligen Fürsten der Christenheit, deren geweihte Hände einst den Künstler in himmlische Gefilde erhoben?

Billete war von dem Lärm, den der andere machte, offensichtlich beeindruckt; er betrachtete den jungen Mann mit leuchtenden Augen, der unter Seufzen und Stöhnen seine eindrucksvollen Gliedmaßen zu schauerhaften Posen der Empörung verrenkte. Wie solle er in solcher Schande und Vernachlässigung sein Leben fristen und sein kleines Haus in Valencia erhalten? Bald werde er sich – welcher Frevel – auf Sprüche und Kalender beschränken müssen, und das werde für seine alte Mutter der Tod sein.

Das alles auf Englisch und Französisch. Billete gaffte selbstvergessen vor Bewunderung, er spürte die Leidenschaft des anderen, wenn er auch nicht verstand, wem sie galt. Er vernahm die Stimme des Protestes als etwas, das er selbstverständlich teilen müsse, ergriff den Arm des jungen Mannes und versuchte ihn zu beruhigen und zu trösten. Eine merkwürdige Stille senkte sich herab, während sie miteinander flüsterten, in der untergehenden Sonne aneinanderlehnend. Dann verließen sie mich mit einer Entschuldigung und gingen Hand in Hand davon, Brüder aus einer flüchtigen Verwirrung.

Nach Toro zurückgekehrt, senkte sich der herannahende Abend mit heißem grünem Licht, während die Stadt sich für die bevorstehende Prozession rüstete. Riesige Fahnen und Tücher hingen von den Balkonen herab, alle in Grand-Guignol-Manier verziert, manche mit schwarzen Kreuzen bestickt, andere an den Ecken mit riesigen Kreppschleifen versehen. Stadtleute und Bauern mit zylinderartigen Hüten drängten sich schon auf den Fußsteigen, manche mit kleinen Polstern und Schemeln zum Daraufknien, alle schweigend den Blick straßenaufwärts gerichtet.

Die Glocken, die eine Stunde lang ein misstönendes Gebimmel von sich gegeben hatten, verstummten abrupt. Auf dieses Zeichen hin wurde die Menge ganz still und heftete die Augen auf die ferne Kirche. Mittags ein Haufen von Gold, war sie jetzt ein dunkelblauer Schatten, der in der Luft hing wie ein Schwaden Weihrauch. Das Schweigen nahm noch zu, und selbst das Geschrei der Kinder mäßigte sich. Dann wurden die Tore in eine funkelnde Dunkelheit aufgestoßen wie in eine Höhle voller Glühwürmchen, während Hunderte von Kerzen vom Altar wegströmten und sich flackernd auf die Straße zu bewegten. Unter Trommel- und Trompetenklang löste sich die Prozession langsam schlurfend aus dem Dunkel, und die Zuschauermenge, die der Kirche am nächsten stand, fiel auf die Knie, als sei sie von einem Kugelhagel dahingemäht. Das trockene Schlagen der Trommel und die nackte Klage der Trompete klangen überaus

fremd, und beschworen im Schein dieses halb afri-
kanischen Zwielichts ein ungewohntes Gefühl von
Furcht und Zauberei herauf.

War es der Tod ihrer Heiligen, den sie so voller
Trauer mit schwarzen Fahnen und tropfenden Kerzen feierten? Ihr Bildnis ritt hoch oben über der
Mitte der Prozession, eine glitzernde Gestalt aus
bemaltem Holz, die das gekrönte Haupt steif nach
rechts und links den knienden Menschen im Rinn-
stein entgegenneigte. Ihre Träger schwitzten unter
der edelsteinbesetzten Bürde und ächzten geduldig
in ihre spitzenbesetzten Hemdbrüste, während
junge Frauen in zwei Reihen hinterherschlurften
und näselnd irgendein unmelodisches Klagelied
sangen.

Als das Bild sich uns näherte, erhoben sich in der
Menge um mich spontan Klagen und Beteuerun-
gen. Dann war die Heilige auf meiner Höhe, und
ich sah ihr Gesicht, rosig gefärbt und hübsch wie
Zuckerzeug, das glatte Köpfchen über einem pup-
pengleichen Körper thronend, den schwere Samt-
gewänder wie ein Zelt umgaben.

Wer immer sie war, diese schmucke bemalte
Puppe beherrschte die Stadt mit einer unbestreit-
baren Gegenwärtigkeit, und wie sie so vorüberzog,
schien eine ungeheure Welle der Erlösung hinter
ihr herzurauschen; Lobpreisung, Dank und de-
mütiges Flehen, von Jung und Alt leidenschaftlich

dargebracht, folgten ihr nach. Ganz offenbar war sie in aller Augen die lebendige Heilige, Schwester der Jungfrau, Vertraute Christi, ewige Mittlerin zum Geiste Gottes und barmherzige Mutter von Toro.

Mit einem von fernher ersterbenden Schrei verschwand das Bild aus dem Blickfeld, die Trommel- und Trompetenklänge verebbten, und die letzte Gruppe Mädchen zog mit heruntergebrannten, triefenden Kerzen schleppend vorbei; hinter ihnen auf der Straße blieben die erloschenen Gesichter der Bauern, ein Geruch nach Wachs, verbranntem Docht und Erschöpfung. Noch eine kurze beklommene Pause, dann hob sich das schwere, inbrunstgesättigte Schweigen wie eine Wolke von der Stadt. Plötzlich nickten und lächelten alle einander zu, sammelten Kissen und Kinder ein und bestätigten einander, wie schön die Heilige heute ausgesehen habe – so schön, so »linda«, so herrlich bunt –, und alle rüsteten sich zum Vergnügen.

Der feierliche Wirbel war vorbei. Auf einen Schlag wimmelte es von Spaziergängern, die die Straße von Mauer zu Mauer füllten. Die Lichter wurden angemacht – Schnüre von kleinen bunten Birnen, die sich wie Reben mit Früchten überall entlangzogen –, und das ganze Leben in Toro begann unter ihnen hindurchzuziehen, Freund zeigte sich dem Freund, Feind dem Feind, Weib dem Geliebten, jeder allen. Eine Weile bewegte ich mich wie unsichtbar unter ihnen, verloren in ihrer Selbstbezogenheit; und plötzlich sehnte ich mich nach einem bekannten Gesicht, nach Stroud an einem Samstagabend ...

An den nächsten Tag kann ich mich nur noch dunkel erinnern. Es war einer der heißesten Tage jenes spanischen Sommers. Zweifellos hätte ich im Gasthof bleiben müssen, bis das Schlimmste vorüber war, aber das Unterwegssein war mir zur Gewohnheit geworden.

Toro lag verlassen, als ich wegging; die Läden waren noch geschlossen, und ein gelber Glanz hing über der Ebene. Die Straße verlief so gerade wie ein Meridian durch den Weizen, wie ein Messerschnitt durch einen rotbackigen Apfel, und ich folgte ihr ostwärts der Morgensonne entgegen, die schon riesengroß und aufgedunsen war. Nach einer Weile wurde das Draußensein zur Halluzination, man hatte das Gefühl, als gebe es keine Luft mehr zum Atmen, nur noch verschlackte Dämpfe und Schwefelschwaden, die aus Rissen im Boden aufstiegen. Ich weiß noch, dass ich zum Trinken an schweigenden Bauernhöfen haltmachte, wo selbst die Hunde zu erschöpft zum Knurren waren und das Wasser aus Brunnen und Bewässerungsgräben heraufgeschöpft und mir warm und grün gereicht wurde.

Die brutale Hitze schien die ganze Erde zu zerschmettern und ihre Rinde in eine riesige Narbe zu verwandeln. Das Blut vertrocknete einem, und alle Säfte versiegten; die Sonne schlug von oben, von der Seite und von unten zu, während der Weizen sich wie eine feste Kupferdecke über das Gelände dahinzog. Ich lief immer weiter, weil es keinen Schatten gab, in dem ich mich hätte verkriechen können, und weil es die einzige Möglichkeit war, die Luft um mich herum in Bewegung zu bringen. Ich vergaß allmählich, was ich überhaupt auf der Straße wollte; ich lief, als folgte ich einem Gelübde, bis ich nur noch den heißen roten Staub wahrnahm, der wie Pfeffer zwischen meinen Zehen knirschte.

Als der Vormittag zur Hälfte herum war, befand ich mich in einem Stadium fortschreitenden Wahnsinns; hämmernde Durstdelirien ergriffen von mir Besitz, mein Gehirn durchstürmte und durchtaumelte alle jene Zwangsvorstellungen, von denen es heißt, dass sie den Menschen in der Wüste bedrängen. Phantasiebilder von Wasser stiegen vor mir auf und hüllten mich in kühle, feuchte Blätter oder pressten mir die Vorstellung von Gurkenschalen vor meine stechenden Augen und füllten mir den Mund mit triefendem Moos. Ich trank nun schon Monsune und Winternebel, die ersten dicken Tropfen des Gewitters, lag nackt auf Tiefseeschwämmen und rieb meine Lippen an

Fischschuppen. Ich sah die dampfenden Kühe von daheim mit feuchten Eutern ihre lilienrosa Mäuler in den Bach senken, dann knietief darin zwischen Libellen stehen und mit ihren Quastenschweifen die Schilfhalme peitschen. Bilder sprudelten auf, ganz grün von Tälern in schimmernden Regengüssen und Wiesen mit sturmgepeitschtem Gras, mit Bächen, die von den kühlen Bergen in buttergelbe Blumensümpfe flossen. Ich hörte meine Mutter wieder in ihrer Sommerküche Wasser über den Gartensalat sprengen, hörte den herabstürzenden Schwall der Gartenpumpe und Schwanenflügel, die den See peitschten ...

Der Rest des Tages verschwamm. Ich erinnere mich an einen Kirchturm, der wie der Strahl eines Springbrunnens aus der Ebene aufstieg. Dann war da plötzlich eine Gruppe von Eukalyptusbäumen, die sich um eine Taverne am Straßenrand drängten, und ich stand am Schanktisch und verlangte flaschenweise Sprudel.

»Nein, nein! Sie dürfen nicht trinken. Sonst fallen Sie tot um.« Die Frau warf die Hände in die Höhe, als sie mich erblickte, drehte sich dann alarmiert um und rief ein paar gut gekleideten Männern etwas zu, die an einem Tisch in der Ecke Rettiche aßen.

Der ältere Mann verbeugte sich. »Alémán? Français? Die Dame hatte recht – Sie sind zu erhitzt fürs Trinken.«

»Er wird uns tot vor die Füße fallen. Schauen Sie nur sein Gesicht an.« Alle schnalzten sie mit der Zunge und schüttelten den Kopf.

Ich konnte nur dastehen und krächzen, ganz verzweifelt vor Durst. Jemand gab mir ein Stück Eis zum daran Lecken. Dann wurde ich ermahnt, mich auszuruhen und abzukühlen, während sie mir die üblichen Fragen stellten: woher ich käme, wohin ich ginge.

Als ich antwortete, warf die Frau wieder die Hände hoch. »Zu Fuß? Daran ist gar nicht zu denken.«

Die Herren fingen einen Streit an und spuckten einander bei ihren wütenden Ausrufen Rettich ins Gesicht. »Wenn der Engländer ist, dann ist er der erste Engländer, den ich zu Fuß gehen sehe«, sagte der eine. »Die laufen doch überall rum«, sagte der andere. »Die Berge rauf und wieder runter. Immer rund um die Pole.« »Das schon – aber doch nicht in Spanien.«

Ich hörte ihre Stimmen rings um mich aufund abschwellen. Mein Kopf fühlte sich fiebrig drückend an, als wolle er zerspringen. Dann beugte sich jemand über mich. »Schluss mit dem blödsinnigen Laufen. Heilige Mutter Gottes, geben Sie dem jungen Mann etwas zu trinken. Wenn er es übersteht und immer noch in die Stadt will, nehmen wir ihn im Wagen mit.«

217

Der erste Schluck Mineralwasser zerplatzte in meiner Kehle und sprühte auf wie gefrorene Sterne. Dann gab man mir einen Teller Schinken und mehrere Glas Sherry; eine tiefe Müdigkeit kroch mir in die Glieder. Mir ist von meinen Wohltätern nichts mehr im Gedächtnis geblieben, auch nicht von dem, was sie sagten; nur die einschläfernde Herrlichkeit des Trinkens. Später, viel später, wurde ich auf die Füße gestellt und halb nach draußen geleitet, halb getragen. Dann sank ich auf dem Rücksitz des Wagens in tiefen Schlaf, und sie fuhren mich wie einen Toten nach Valladolid.

Nachweis

Balázs, Béla: *Wandern.* Aus: Balázs, Béla: *Ein Baedeker der Seele.* Herausgegeben von Hanno Loewy. Verlag Das Arsenal, Berlin 2002.

Bechstein, Ludwig: *Der wandernde Stab.* Aus: Bechstein, Ludwig: *Sämtliche Märchen.* Albatros Verlag, Mannheim 2011.

Büchner, Georg: *Durchs Gebirg* (Titel vom Hrsg.). Aus: Büchner, Georg: *Sämtliche Werke und Briefe.* Hanser Verlag, München 1979.

Chatwin, Bruce: *In Patagonien.* Aus dem Englischen von Anna Kamp. Aus: Chatwin, Bruce: *In Patagonien.* Copyright © 1981 by Rowohlt Verlag, Reinbek.

von Eichendorff, Joseph: *Der frohe Wandersmann* und *Wanderlied.* Aus: von Eichendorff, Joseph: *Werke.* Hanser Verlag, München 1981.

Fermor, Patrick Leigh: *Der Rucksack*. (Titel vom Hrsg.). Aus: Fermor, Patrick Leigh: *Die Zeit der Gaben. Zu Fuß nach Konstantinopel: Von Hoek van Holland an die mittlere Donau. Der Reise erster Teil*. Aus dem Englischen von Manfred Allié. Copyright © 2009 by Dörlemann Verlag AG, Zürich.

Frisch, Max: *Vom Wandern*. Aus: Frisch, Max: *Journalistische Arbeiten 1931–1939*, Niedersächsische Staatstheater Hannover GmbH, Theatermuseum und -archiv. Zuerst erschienen in *Neue Zürcher Zeitung*, 11. Oktober 1936. Copyright © 1991 by Max Frisch-Archiv.

Grimm, Jacob und Grimm, Wilhelm: *Die beiden Wanderer*. Aus: Brüder Grimm: *Kinder- und Hausmärchen*. Dieterich, Göttingen 1857.

Hesse, Hermann: *Wanderung*. Aus: Hesse, Hermann: *Wanderung*. Copyright © 1920 by Suhrkamp Verlag, Frankfurt.

Hessel, Franz: *Die Kunst spazieren zu gehn*. Aus: Hessel, Franz: *Ermunterungen zum Genuss sowie Teigwaren leicht gefärbt und Nachtfeier*. Verlag Das Arsenal, Berlin 1999.

Kafka, Franz: *Der plötzliche Spaziergang*. Aus:
Kafka, Franz: *Sämtliche Erzählungen*. Fischer-
Taschenbuch-Verlag, Frankfurt am Main 1970.

Lee, Laurie: *Schluss mit dem blödsinnigen Laufen*
(Titel vom Hrsg.). Aus: Lee, Laurie: *An einem
hellen Morgen ging ich fort.* Aus dem Englischen
von Vanessa Wieser. Copyright © 2018 by Milena
Verlag, Wien.

Mörike, Eduard: *Wanderlied*. Aus: Mörike, Eduard: *Sämtliche Werke in zwei Bänden*. Band 1.
Hanser Verlag, München 1967.

Müller, Wilhelm: *Wanderschaft*. Aus: *Gedichte von
Wilhelm Müller. Vollständige kritische Ausgabe.*
B. Behrs Verlag, Berlin 1906.

Roth, Joseph: *Spaziergang*. Aus: Roth, Joseph:
Das journalistische Werk. Verlag Kiepenheuer &
Witsch, Köln 1989.

Seume, Johann Gottfried: *Fahren zeigt Ohnmacht,
Gehen Kraft*. Aus: Seume, Johann Gottfried: *Aus
meiner Welt*. Deutscher Taschenbuch Verlag, München 2010.

Thoreau, Henry David: *Vom Wandern*. Aus dem Englischen von Heiner Feldhoff. Copyright © 2022 by Kampa Verlag AG, Zürich.

Tucholsky, Kurt: *Die Fußtour* (Titel vom Hrsg.). Aus: Tucholsky, Kurt: *Gesammelte Werke in 10 Bänden*. Rowohlt Verlag, Reinbek 1985.

Walser, Robert: *Fußwanderung*. Aus: Walser, Robert: *Sämtliche Werke in Einzelausgaben. Kleine Dichtungen*. Herausgegeben von Jochen Greven. Copyright © 1978 und 1985 by Suhrkamp Verlag, Frankfurt.

Wenn Ihnen dieses KAMPA POCKET
gefallen hat, gefällt Ihnen vielleicht auch der
Lesetipp auf der gegenüberliegenden Seite.

Schicken Sie uns bitte Ihren LIEBLINGSSATZ
aus einem Kampa Pocket, bei einer Veröffent-
lichung auf unseren Social-Media-Kanälen
bedanken wir uns mit einem Buchgeschenk:
lieblingssatz@kampaverlag.ch